INDIEN IST NICHT NUR EIN ORT.
INDIEN IST NICHT NUR EIN VOLK.
INDIEN IST DIE HIMMLISCHE MUSIK,
UND IN DIESER MUSIK
KANN JEDER AUS JEDER ECKE DES GLOBUS
DIE WAHRE BEDEUTUNG DES LEBENS ERKENNEN.

SHRI CHINMOY

Mit einem Vorwort von
SHYAM BENEGAL

EIN FEST FÜR DIE SINNE

TEXT
Rayman Gill Rai

KONZEPT, DESIGN &
FOTOBEARBEITUNG
Sneha Pamneja

Bildnachweis

Die Idee zu einem Projekt, das Indien mit den fünf Sinnen erkundet, entstand im sonnigen, von Bücherregalen gesäumten Büro von ROLI. Im Lauf vieler Meetings wurde der Rahmen für die Bilderreise durch Indien mittels Sehen, Hören, Riechen, Schmecken und Tasten sorgfältig abgesteckt. Angesichts der unzähligen Bildbände über Indien mussten wir das gewisse Extra finden, das dieses Buch von den anderen absetzt. Die Bildarchive von ROLI sind voll von spektakulären Fotografien des Landes, aufgenommen von den berühmtesten Fotografen – und doch hätte das noch nicht ausgereicht. Wir brauchten ein strahlendes, fröhliches Element – eine jugendliche Perspektive und eine New-Age-Ästhetik. So begann unsere Suche nach neuen Fotografen. Wir schauten über den sprichwörtlichen Tellerrand hinaus und veranstalteten mithilfe der Social Media einen Wettbewerb: Junge Fotokünstler sollten Bilder zu den Themen des Buches einreichen. Die Reaktion war überwältigend, und wir hatten die sehr vergnügliche Aufgabe, unter den vielen guten Fotos die besten auszusuchen. In *Indien – Ein Fest für die Sinne* zeigen wir nun die aufregenden und zum Nachdenken anregenden Werke von Fotografen, die die Exzentrizitäten des viel fotografierten Indiens auf völlig neue Art eingefangen haben. Die etwa 20 Fotografen müssen neben unserem Bildredakteur Saloni Vaid namentlich genannt werden – nicht nur wegen ihres Talents, sondern auch wegen ihres Enthusiasmus.

ALAMY: 27, 30, 67, 72, 73 80, 81, 85, 115, 175, 210, 211, 212, 213.
ANKIT GULATI: 18, 26-27 (MITTE), 40, 41, 75, 98-99 (OBEN), 105, 134 (RECHTS), 174 (UNTEN RECHTS), 179.
AYAN GHOSH: 16-17, 32-33, 34, 60, 61, 64 (RECHTS), 77, 93, 98, 98-99 (MITTE UNTEN), 99, 101, 102 (LINKS), 108-109, 112, 114-115 (MITTE), 122, 123, 130-131, 134 (LINKS), 135 (RECHTS), 141, 143, 158, 169, 173, 206.
CHETAN SONI: 35, 36, 37, 46, 48, 49, 111, 120-121, 168, 184-185, 219, 221.
CORBIS: 31, 44-45.
DIGANTA GOGOI: 74 (RECHTS), 139, 156, 157, 161, 200, 205.
ETTA TALWAR DUTTA: 102 (RECHTS).
FRED CANONGE: 146, 192, 193, 202, 208, 209, 214, 215.
FARAH GHERDA: 82, 196, 198, 203.
GETTY IMAGES: 26, 53, 55, 56, 57, 66, 83, 149, 150, 151.
JAKKAM N JEGANNATHAAN: 24, 25, 28, 29, 70, 190, 201.
NILANJAN RAY: 86, 166-167.
RAMIT MITRA: 174 (OBEN LINKS UND RECHTS, UNTEN LINKS), 180.
RIZWAN MITHAWALA: 100, 104 (RECHTS), 118, 136, 170.
ROLI COLLECTION: 62-63, 135 (LINKS), 181.
SANJEEV MATHUR: 8-9, 42, 43, 50, 51, 64 (LINKS), 65, 68, 69, 110, 116, 137, 176.
SHADES PHOTOGRAPHY (ASHWIN & JHALAK): 154, 155, 195, 199.
SHANKAR ADDI MEHRA: 84, 125.
SOUMYA SHANKAR GHOSAL: 23, 38-39, 58, 78, 79, 104 (LINKS), 107, 114 (LINKS), 117, 119, 138, 144, 145, 183, 218, 220, 222-223.
SRINIVASA PRASATH: 20, 21, 106, 171, 177, 182, 191.
SUBRATA BISWAS: 47, 140, 142, 194, 216, 217.
SUMIT SAINI: 103, 197.
TAPAS BISWAS: 76, 133, 172, 204.
TWISHA SHARMA: 74 (LINKS).
VIVEK NIGAM: 19, 22, 87, 88-89, 90, 91, 132, 147, 148, 152, 153.

Inhalt

vorwort

6

sehen   riechen   hören   schmecken   fühlen

8   92   124   160   184

vorwort

SHYAM BENEGAL

das individuelle Indien-Erlebnis kann ein permanentes Fest der Sinne, eine vewirrende Fülle der kulturellen Kontraste oder gar eine Kakofonie sozialer Anarchie sein – es hängt eben ganz von der Sichtweise des Einzelnen ab, der mit einer oder mit vielen der unterschiedlichen Facetten des Landes konfrontiert wird.

Was Indien so einzigartig macht, ist die große Anhäufung von Kulturen, die im Lauf der Jahrhunderte quasi übereinandergestapelt wurden, die unglaubliche Vielzahl an unterschiedlichen Gemeinschaften und deren Lebensstilen – von mittelalterlich bis modern, von stammesspezifisch bis zeitgemäß – in einer kontinuierlichen Gegenwart, ohne Trennlinien zwischen Gestern und Heute. All das veranlasste Jawaharlal Nehru dazu, Indien als »einen Palimpsest« zu bezeichnen.

Kein Tag, kein Augenblick ist in diesem Land mit über einer Milliarde Einwohnern nicht auf vorhersehbare Weise unvorhersehbar. Dies ist ein Land, in dem die lebensbereichernden Flüsse als heilig gelten, in dem Gott in Myriaden von Natur und Mensch geformten Gestalten wahrgenommen wird. In jedem Monat, zu jeder Jahreszeit finden sich zahlreiche Anlässe zu großen Festivitäten, die im Grunde das Leben selbst feiern.

Indiens Lage im südlichen Teil des asiatischen Kontinents macht es zum Füllhorn vieler Kulturen asiatischen, aber auch europäischen und afrikanischen Ursprungs. Ob Invasoren oder Kaufleute, ob Einwanderer oder Besucher: Indien ist Gastgeber für sie alle. Dieser beständige Zustrom schuf und schafft einen Ethos und eine Lebensweise, die es nur hier gibt, die sich ständig entwickeln und seit über 5000 Jahren zur indischen Zivilisation gehören. Indien ist ein Schmelztiegel und eine Patchworkdecke der Kulturen. Reist man vom niemals schmelzenden Schnee des Himalaja zu den Wüsten Rajasthans und in die dichten Wälder Ost-, Zentral- und Südindiens, durchwandert man Klimazonen von gemäßigt bis tropisch.

Die Vergangenheit ist ständig präsent, aber auch die Moderne prägt das Land. Der politische und gesellschaftliche Anführer Mahatma Gandhi und der Dichter Rabindranath Tagore – diese beiden Geistesgrößen waren, um erneut Indiens ersten Ministerpräsidenten Jawaharlal Nehru zu zitieren, »zwei völlig unterschiedliche Männer, und doch sind beide typisch für Indien«. Nehru, selbst ein erfolgreicher Schriftsteller, beschrieb in seinem bahnbrechenden Werk *Entdeckung Indiens* sein Land als ein »von starken, aber unsichtbaren Fäden zusammengehaltenes Bündel der Widersprüche«.

Diese vielfältigen Realitäten und kulturelle Komplexität dokumentiert *Indien – Ein Fest für die Sinne*, ein ansehnlicher Bildband, ganz wunderbar. Die Aufnahmen sind für die Ewigkeit eingefangene Momente einer Geschichte über exotische Düfte, Farben und Aromen. Das Buch enthält unglaublich viele bemerkenswerte Bilder vom Leben und Erleben in Indien, die den Erzählungen über dieses Land ein Gesicht geben und alle – von den *dabbawallas* in Mumbai über die Tigertänze Keralas und die majestätische Mehrangarh-Festung in Jodhpur bis zum Minakshi-Tempel in Madurai – eine typisch indische Geschichte erzählen. Und die Texte dazu verleihen dem ästhetischen Erlebnis zusätzlich Tiefe.

September 2015

SEHEN

SCHÖNHEIT IST ÜBERALL. VOM ÜPPIGEN GRÜN GOAS ÜBER DIE FARBENFROHEN MENSCHENMENGEN AUF BAHNSTEIGEN BIS ZUM PRÄCHTIGEN TAJ MAHAL ZIEHT INDIEN DIE AUFMERKSAMKEIT AUF SICH – OB MIT EINEM SPEKTAKULÄREN SONNENUNTERGANG ÜBER INDIENS SÜDSPITZE IN KANYAKUMARI ODER EINER HOCHZEITSPROZESSION, DIE DER BRÄUTIGAM HOCH ZU ROSS DURCH DEN CHAOTISCHEN STRASSENVERKEHR FÜHRT. DIE AUGEN KÖNNEN NICHT ANDERS, ALS DEN WAHNSINN UND DIE LEBENSLUST INDIENS WAHRZUNEHMEN.

Schauen Sie sich eine indische Braut an ihrem großen Tag an: Die Augen glühen durch fein gezogene Kajalstriche, die Haut schimmert nach monatelangen Gesichtsbehandlungen, die Kleider schillern, und das Haar ist perfekt frisiert. Doch was ist das für ein Fleck hinter ihrem Ohr? Und was soll der aufgemalte Leberfleck im Gesicht dieses Kindes? Warum hängt da ein getragener Schuh an der hinteren Stoßstange des nagelneuen Autos?

All das hat mit dem indischen Konzept *nazar battu* zu tun, das das Schöne vor dem eifersüchtigen »bösen Auge« schützen soll. *Nazar battu* können über der Tür aufgehängte Zitronen und Chilischoten sein, ein Aschefleck auf der Haut der Braut, verdeckt von den Falten ihres Saris, oder sogar ein um einen Frauenzeh oder -knöchel gebundener schwarzer Faden. Ironischerweise wird jedoch kein Versuch unternommen, das Objekt der Begierde von der Eifersucht des überall lauernden bösen Auges zu schützen. Eine Braut sieht immer perfekt aus, und wer würde dem Neuwagenbesitzer raten, seine wertvolle Beute in der Garage zu verstecken? Nein, Schönheit und Wohlstand müssen zur Schau gestellt und eben von einem zuweilen mikroskopisch kleinen Symbol, *nazar battu*, beschützt werden. Der indische Umgang mit Schönheit und dem Sehsinn kurz gefasst: »*dekho magar, pyaar se*« (»Schau, aber mit Liebe«).

***

Bilder, Anblicke und Erscheinungsbilder bieten einen umfassenden Einblick sowohl in die konkreten als auch in die subtileren Elemente einer Kultur und hatten in Indien immer schon große Bedeutung.

Um nicht von der Schönheit ihres Landes ausgebootet zu werden, haben die Inder anscheinend beschlossen, damit Schritt zu halten. Beweise? Beauty-Behandlungen und Make-up-Techniken nehmen im Ayurveda – einer uralten vedischen Heilkunst – einen Ehrenplatz ein. Neben ihren »ernsthafteren« medizinischen Vorgehensweisen wie Operationen und Präventivbehandlungen kennt es Tausende von vorgeschriebenen Schönheitsritualen und Arzneien. Das Ayurveda bietet unzählige Heilmittel: Lotionen, Tränke und Salben zur Stärkung der Gesundheit und zur Förderung der Schönheit. Ayurvedische Kosmetika – biologisch und vollkommen natürlich – könnte man aus Zutaten mischen, die jeder in der Küche hat. Sandelholzpaste, die noch heute verwendet wird, sollte die Haut vor der Sonne schützen und sie zugleich schimmern lassen. Gelbwurz, Safran und Henna verbesserten Haarstruktur, -farbe und -beschaffenheit. Literarische Werke aus dem 5. Jahrhundert n. Chr., etwa Kalidasas *Shakuntala*, listen ayurvedische Schönheitsbehandlungen auf, die die gleichnamige Verführerin mochte. Schon damals legten die Inder Wert darauf, dem Betrachter zu gefallen. Heute gilt die Wirkung ayurvedischer Beauty-Anwendungen als gesichert, und internationale Kosmetikunternehmen ersetzen chemische Zusätze durch ayurvedische.

Die Tatsache, dass Beauty-Kuren schon im alten Indien gefragt waren, zeigt, dass die Einwohner dieses Landes Schönheit nie auf die leichte Schulter genommen haben. Der Wunsch danach ist ins kulturelle Tuch des Landes eingewoben und sorgt für ein Fest des Sehsinns.

***

Vorhergehende Doppelseite (8–9): Die landschaftliche Schönheit des Himalajas – von den schneebedeckten Gipfeln bis zum azurblauen Himmel und zu tiefblauen Gewässern – zieht Reisende und Naturliebhaber aus aller Welt an. Die indischen Berge beherbergen eine reiche Flora und Fauna, darunter immergrüne Bäume und seltene Vögel. Die Ebenen im Norden mit ihrem kühlen Klima bieten vielen eine willkommene Abwechslung zur sengenden Sommerhitze.

Auf dem üppig gefüllten Büfett, das Indien für die Augen aufbaut, bekommen Farben auf geheimnisvolle Weise neue Tönungen. Ein simples Blau wirkt ungewöhnlich lebendig und erhält den Namen »Phiroza«, Orange knallt mit Drama und wird zu »Naragni«, Pink wird intensiver, irgendwie tiefer, und heißt »Rani-Pink«. Dass Farben allgemein in Indien ganz anders leuchten, lässt sich nicht wissenschaftlich begründen. Vielleicht hat diese Auffassung damit zu tun, wie sehr Farben mit Emotionen verbunden werden. In einem derart vielfältigen und aufgeteilten Land spricht diese Verbindung Bände und überbrückt die unsichtbaren Barrieren zwischen den Menschen. Farbe ist hier nur die visuelle Manifestation eines Gefühls, das mit seiner Wärme die Unterschiede zwischen den vielen Traditionen, Einstellungen und Lebensformen überwindet und eine Regenbogenbrücke zwischen den Realitäten von über einer Milliarde Menschen baut.

Nehmen wir beispielsweise die Farbe Rot. Mit ihr werden bestimmte Göttinnen assoziiert, zudem steht sie für Vereinigung, Sinnlichkeit, Fruchtbarkeit und Wohlstand – deshalb tragen die meisten indischen Bräute Rot, unabhängig von Religion, Region, Kaste oder wirtschaftlichem Status. Aus dem gleichen Grund tragen viele verheiratete Frauen rote Sindoor (Punkte am Scheitel) und rote Armreifen.

Schwarz symbolisiert Negativität, »Böses« und Arglist. Folkloristische Darstellungen zeigen häufig Hexen und *pishacha* (Dämonen) ganz in Schwarz. Weiß bzw. die Abwesenheit von Farbe steht für eine gewisse Leere und wird normalerweise bei Bestattungen und Trauer angezogen. Traditionell tragen Witwen Weiß als Zeichen ihres Verlusts. Beim Onam-Fest in Kerala jedoch kleiden sich Frauen in weiße Saris mit goldener Bordüre *(settu sari)*, weil in diesem Bundesstaat die beiden Farben Glück verheißen. Indisches Gelb bzw. Safrangelb symbolisiert Heiligkeit und Hoffnung und wird bei hinduistischen Ritualen und Festen verwendet. Das sowohl bei Hindus als auch bei Muslimen beliebte Grün steht für die Natur.

Das Lichterfest Diwali dominiert das lebhafte Gelb der Ringelblume, mit der die Häuser geschmückt werden; auch an Vasant Panchami – dem Tag der Göttin Saraswati – tragen die Gläubigen Gelb. Und an Baisakhi tragen Sikh-Männer mit roten oder pinkfarbenen Turbanen zur guten Stimmung bei, weil dies die Farben der Freude und Heiterkeit sind.

***

Indische Feste sind eine Kunst für sich, und Fröhlichkeit drücken Inder auf ganz unterschiedliche Art aus. In der Festivalsaison von September bis zum Jahresende ist ganz Indien farbenfroh, geschminkt, beleuchtet, mit Blumen übersät, in neue Gewänder gekleidet und lockt mit dem appetitlichen Anblick sinnlicher Speisen und Zuckerwerk.

Einige der vielen festlichen Bräuche sind wirklich faszinierend und bestehen seit Jahrhunderten. Kunst und Ästhetik etwa spielen eine große Rolle in der indischen »festlichen« Folklorekunst, darunter *rangoli* und *kolam*, komplizierte Dekomuster auf den Böden von Privathäusern. Die an den Feiertagen Diwali, Pongal und sogar bei Hochzeiten akribisch angefertigten Zeichnungen sollen Götter in die Häuser der Gläubigen einladen und das Glück anziehen. Rangoli-Muster werden mit

pulverförmigen Farben oder Blütenblättern gemalt. Für Kolam, eine in den südlichen Bundesstaaten beliebte Rangoli-Art, wird mit gefärbtem Reismehl gemalt. Als Regel gilt, dass jeder Kreis und jede Schlaufe geschlossen sein muss, sodass keine »offenen Enden« entstehen. In Rajasthan heißt die Kunst Mandana, in Chattisgarh Chaookpurna, in Westbengalen Alpana und in Uttar Pradesh Chowk Pujan.

Eine andere Variante der festlichen Volkskunst sind die Lehmzeichnungen des Punjab, die inzwischen in Dörfern und kleinen Städten im ganzen Land beliebt sind. Vor den Diwali- und Dashahara-Festen schmücken die Frauen die Lehmmauern ihrer Häuser mit religiösen Motiven. Beliebt sind etwa der Beerenstrauch, der Fruchtbarkeit symbolisiert, Lakshmi, die Göttin des Wohlstands, und Tiere wie Pfau und Elefant. Interessant ist, dass es keine professionellen oder gelernten Rangoli-Maler oder Wandkünstler gibt. Die »Künstler« sind in der Regel die Damen des Hauses, die die Kunst erlernen und ausbauen, indem sie älteren Frauen zuschauen.

Auch die Art, wie sie begangen werden, macht die Pracht und Magie der indischen Feste aus. An Dashahara finden Ramlila-Aufführungen statt, bei denen jedes Viertel ein aufwendiges Ramayana mit Kostümen und Dialogen auf die Bühne bringt. Die Massen strömen zu diesen Ramlilas – auch Maidans genannt –, auch wegen des nachfolgenden Volksfests. Zu Diwali gehören Rangolis, Ringelblumengirlanden, blinkende Lichter, tönerne Öllampen und ein grandioses Feuerwerk am Nachthimmel. Das Holi-Fest kennzeichnen wahre Explosionen aus Pink und Grün sowie Flecken von *Pakka*-Farbe auf der Haut, die noch wochenlang zu sehen sind. Zu Navratri und Durga Puja dreht sich alles um leuchtende, reich geschmückte Abbilder der Muttergöttin, die am Ende ins Wasser geworfen werden. Bei der Prozession an Ganesh Chaturthi tanzen Verehrer von Ganesha in Ekstase zu Ehren des elefantenköpfigen Gottes. An Eid al-Fitr, das Ende des Ramadan, sieht man viele Männer in weißen *Kurta*-Hemden, die bei Neumond das Fasten beenden. Und die Erntefeste Bihu, Pongal und Baisakhi wären ohne die fröhlichen choreografierten Folkloretänze auf den Dorfplätzen undenkbar.

Wenn Indien feiert, kennen Prunk, Farbenrausch und der visuelle Ausdruck der Freude keine Grenzen.

***

Die formellere indische Kunst – die ihren Ursprung in der Zivilisation des Indus-Tals hat – ist ein sich ständig veränderndes Kaleidoskop und wurde im Lauf der Geschichte von unzähligen Einflüssen geformt. Der Buddhismus, der zwischen 200 v. Chr. und 300 n. Chr. blühte, brachte die Stupas von Sanchi sowie die berühmten Höhlentempel von Karle, Ajanta und Ellora mit sich. Die Kunst des Hinduismus ist am besten an den Tempeln zu bestaunen, die im Norden, Süden und Westen ganz unterschiedlich gestaltet sind. Wissenschaftler und Geschichtsfans kommen nach Indien, um das reiche architektonische Erbe seiner Tempel und deren überwältigende Vielfalt zu bestaunen. Prächtige Beispiele der Hindu-Architektur sind die Khajuraho-Tempel in Madhya Pradesh mit ihren lebensnahen erotischen Skulpturen, die Götter, Nymphen und Menschen in amourösen Posen zieren.

Der Einfluss des Islam, insbesondere der Moguln, ist in den Miniaturmalereien zu erkennen. Jahangir, der 4. Mogulherrscher, hatte ein Auge für Schönes, und in seiner Regierungszeit gedieh die Kunst. Die Moguln führten Bogengewölbe, hohe Minarette, Halbkuppelportale und durchbrochene Mauern ein. Islamische Kalligrafien mischten sich in die typischen hinduistischen floralen Muster – das beste Beispiel ist der grandiose Taj Mahal in Agra. Als die Briten kamen, wurde die Kolonialarchitektur geprägt, und der heute als indo-sarazenisch bekannte Stil entstand. Die Briten huldigten in Indien gotischen, imperialen, hinduistischen, islamischen, christlichen, renaissancezeitlichen und viktorianischen Befindlichkeiten. Beispiele für die daraus resultierende imposante Stilmischung sind Neu-Delhis Rashtrapati Bhavan am Connaught Place und Mumbais Chhatrapati-Shivaji-Bahnhof.

In den letzten Jahren hat sich Indien westlichen Trends geöffnet. Zeitgenössische Künstler gehen mit der Zeit und drücken sich durch Fotografie und Hyperrealismus, Installationen und neue Medien aus. Internationale Sammler sind auf sie aufmerksam geworden, und die Werke von M. F. Hussain, Anjolie Ela Menon, Tyeb Mehta, Subodh Gupta u. a. werden für Millionen von Dollar verkauft.

***

Unser Sehsinn kann aber auch ganz einfach durch anmutige Bewegungen stimuliert werden. Und was ist anmutiger als tanzen? Das *Natyashastra*, einer der weltweit ältesten Texte über die Schauspielkunst, berichtet ausführlich über die Geburtsstunde des klassischen indischen Tanzes. Es besagt, dass die Tänzer religiöse Szenen aus den Epen nachstellen, während die Musiker dazu den Dialog »singen«.

Archäologische Funde belegen, dass der älteste noch ausgeübte indische Tanz der Odissi (aus dem Bundesstaat Odisha) ist. Der früheste Hinweis darauf befindet sich in der Manchapuri-Höhle von Udayagiri in Odisha: eine Felsenzeichnung, die eine königliche Hofgesellschaft bei einer Tanzvorführung zeigt. Obwohl die Ursprünge des Tanzes nicht religiös waren, war er bald fester Teil der Tempelkultur in dieser Region.

Die populärsten klassischen indischen Tänze heutzutage sind Kathak und Bharatanatyam. Letzterer kann bis zu den antiken Tempeln von Tamil Nadu zurückverfolgt werden. Er basiert auf einer Abfolge von *adavus* (Schritten), Emotionen werden durch festgeschriebene *hastamudras* (Handbewegungen) und *bhavabhinayas* (Mienen) ausgedrückt. Die Tänzer tragen glänzende, farbenfrohe Saris, die so um die Taille gewickelt sind, dass sie wie ein Pyjama die Beine umspielen. Bharatanatyam-Tänzer tragen schweren Schmuck im Haar, um die Stirn, an den Ohren, Armen, der Taille und den Knöcheln. Der nordindische Kathak hingegen hat kaum Verbindung zur Tempeltradition und ist mehr von weltlichen Themen bestimmt. Das Hauptaugenmerk liegt auf schnellen, rhythmischen Fußbewegungen, die Tänzerinnen kontrollieren jeden Ton der Fußglöckchen. Kathak begeistert das Publikum mit schwindelerregenden Pirouetten und aufrüttelnden Posen. Von diesem Tanz gibt es drei wichtige *gharanas* (Stile): Lucknow, Varanasi und Jaipur. Kathak-Tänzerinnen sind an der flinken Beinarbeit, sinnlichen Handbewegungen und Kostümen mit kunstvollen *angrakha* und *churidar* sowie viel Schmuck zu erkennen.

Der Manipuri ist ein klassischer Tanz, den es nur in der Region Manipur im Nordosten gibt. Der Legende nach tanzten ihn schon die Gandharvas (musisch veranlagte Geistwesen), die in verschiedenen indischen Epen erwähnt werden. Den Kathakali-Tanz aus Kerala kennzeichnen kunstvolles Make-up, ebensolche Kostüme und komplizierte Bewegungen (z. B. gut getimtes Augenbrauenheben). Beim Kuchipudi aus Andhra Pradesh sind zu karnatischer Musik schnelle, leichtfüßige Bewegungen zu sehen.

Indische Folkloretänze sind ganz anders als die klassischen Formen: Sie sind ungezwungen, flexibel und ändern sich ständig. Sie handeln beispielsweise von der himmlischen Liebe zwischen Radha und Krishna oder von der Freude über eine gute Ernte. Zu diesen Tänzen gehören Bihu aus Assam und Bhangra aus dem Punjab sowie festliche Formen wie Dandiya und Garba aus Gujarat oder martialische Tänze wie Gatka aus dem Punjab und Laathi Nauch aus dem Nordosten. Und die unzähligen indigenen Gemeinden, die *adivasis*, haben ebenfalls ihre ganz eigenen Tänze zum Ausdruck von Freude und Trauer.

***

Spricht man über Indiens darstellende Künste, muss man die Theatertradition erwähnen, die im Tanz ihre Wurzeln hat. Tatsächlich entstammen alle Aspekte des Theaters der Tanztradition, denn die klassischen Tänzer waren eigentlich Schauspieler. Das im 2. Jahrhundert v. Chr. entstandene Sanskrit-Theater ist laut *Natyashastra* die »Nachahmung von Menschen und ihren Handlungen«. Die Darstellung alltäglicher Begebenheiten und Rituale war das Markenzeichen des Sanskrit-Theaters.

Im Mittelalter wurde Indien wiederholt von fremden Invasoren eingenommen, von denen sich viele hier niederließen. Die daraus resultierende Vermischung von Kulturen verlieh dem indischen Theater eine ganz neue Dimension, und das traditionelle Drama bekam einen rationaleren, moderneren Einschlag. Das Tanztheater Loknatya oder Nautanki/Tamasha gewann an Popularität und wurde zur wichtigsten Form der Massenunterhaltung. Das besonders im Norden beliebte Theater erzählte mythologische und folkloristische, häufig moralisch geprägte Geschichten, untermalt von Folkloremusik und Tanz. Oftmals wurden Requisiten, z. B. Marionetten, eingesetzt. Die Darsteller saßen am Rand der Bühne und standen auf, wenn ihre Figur an der Reihe war.

Während der britischen Herrschaft kam das indische Theater in direkten Kontakt mit seinen europäischen Kollegen und übernahm einige der herausstechendsten Merkmale. Nicht nur die Texte und Inhalte, auch Spielweisen und Bühnenbilder veränderten sich. Die Themen wurden realistischer und handelten von den Irrungen und Wirrungen normaler Menschen. Das Nukkad Natak, Straßentheater mit aktuellen Inhalten, wurde immer beliebter, und noch heute gilt es als effektive Methode, um Informationen und Erkenntnisse zu verbreiten.

Mit fortschreitender Technologie und Indiens Öffnung für westliche Unterhaltungsformen wurde der indische Film geboren. Das indische Kino, das 2013 seinen 100. Geburtstag feierte, ist heute die größte Filmindustrie der Welt. In seinen Anfangstagen war es stark von den Traditionen des Sanskrit- und Loknataya-Theaters beeinflusst. Der erste indische Spielfilm, *Raja Harishchandra* (1913), basierte auf Erzählungen aus den Epen. Der

Regisseur Dadasaheb Phalke war vom europäischen Film beeinflusst und hatte in London die Feinheiten von Regie und Produktion gelernt und dort auch Equipment gekauft. In den 1930er-Jahren kam der Tonfilm; *Alam Ara* (1931) war der erste indische Film mit Tonspur. In Bombay (heute Mumbai) entstanden mehrere unabhängige Produktionshäuser und Studios, die die Stadt zum Zentrum der Hindi-Filmindustrie, im heutigen Sprachgebrauch »Bollywood«, machten. Mit dem Tonfilm kamen choreografierte Sing-und-Tanz-Einlagen, die zum Markenzeichen des indischen Kinos wurden. Ab den 1950er-Jahren erlebte der Hindi-Film einen Boom, mit Regisseuren und Schauspielern wie Mehboob, Bimal Roy, Guru Dutt und Raj Kapoor. In dem eben unabhängig gewordenen Land wollte das Kino die nationale Identität fördern. Bimal Roys Film *Do Bigha Zameen* (1953), der von einer ländlich-städtischen Dystopie und den Nachteilen gedankenloser Industrialisierung handelte, war richtungsweisend. In *Mother India* (1957) stellte Mehboob Khan anhand seiner Protagonistin die Nöte einer von Schulden geplagten Dorffamilie mit bösem Hausbesitzer dar. Obwohl es düstere Themen hat, zeugte das trendsettende Kino des unabhängigen Indien doch von Idealismus und zeigte auf, was in der Gesellschaft schieflief. Auch regionale Filme auf Bengalisch, Kannada, Malayalam und Tamil wurden durch Filmemacher wie Satyajit Ray, Adoor Gopalakrishnan, Buddhadeb Dasgupta und, in jüngerer Zeit, Mani Ratnam populär. Heute ist der indische Film routiniert und stilisiert und hält seine eigenen internationalen Filmfestivals ab.

***

In diesem Land, das einem Schmelztiegel gleicht, fällt es leicht, sich den visuellen Eindrücken hinzugeben. Für Highlights sorgen hübsche Kleinigkeiten wie Jasminblüten im Haar eines Mädchens, weniger schön ist etwa der ölig schimmernde Regenbogen in einer Schlaglochpfütze. Für den, der genau hinschaut, ist Indien eine endlose Aneinanderreihung verwirrender, zuweilen chaotischer Anblicke – vom mächtigen Himalaja im Norden bis zu den üppig grünen *ghat*s und dem blendenden Gelb der trockenen Thar-Wüste; von den Wandmalereien, die Gottheiten und Politiker nebeneinander zeigen, bis zu den bedauerlicherweise graffitigeschmückten Monumenten; von den Plakatwänden mit Film- und Werbepostern bis zu dreifarbigen Drachen, die am Unabhängigkeitstag am Himmel schweben; von morgendlichen Spaziergängern am Besant-Nagar-Strand bis zu Alappuzha am Abend, wenn der Mond zwischen den wogenden Palmen Verstecken spielt; von den rot geränderten Saris Kalkuttas bis zu den farbenfrohen *phiran*s in Kashmir; von den traditionellen *Vastu-shastra*-Häusern mit Innenhof bis zu den vollgestopften modernen Hochhausblocks. Zwar hat Indien auch unansehnliche Seiten, doch der, der das Land wirklich kennt, weiß, dass die Schönheit oft im Hässlichen liegt, denn was man sieht, hängt davon ab, wie man es wahrnimmt. So kann man den laut hupenden Stau auf Neu-Delhis Ringstraße verfluchen – oder sich dabei über die humorvollen Sprüche amüsieren, die die Lastwagen und Dreiräder zieren. Vielleicht steht da: »*Dekho magar, pyaar se.*«

Schau, aber mit Liebe.

Der Begriff »Farborgie« ist beim alljährlichen Holi-Fest wörtlich zu nehmen. Bei dem eng mit dem Gott Vishnu assoziierten ausgelassenen Frühlingsfest besprengen oder bestreuen sich die Gemeindemitglieder – unabhängig von ihrer Religion – gegenseitig mit Farben.

Sie wimmeln, sausen und wirbeln umher: In Indien sind über eine Milliarde Menschen scheinbar ständig unterwegs – von bunt bemalten Trucks und Rikschas auf den Straßen der Städte bis zu den eiligen Pendlern, die an wichtige Orte hetzen. Von schwindlig kichernden Kindern, die auf der Dorf-*mela* Karussell fahren, bis zu Ladenbesitzern, die nach einem langen Geschäftstag ihre Rollläden herunterlassen. In Indien ist jede Minute des Tages eine fieberhafte, verschwommene Momentaufnahme in Bewegung.

Es scheint, als strömten Farben durch Indiens Adern, und sogar manche der Städte haben ihre ganz eigene Schattierung. Das hier abgebildete Jodhpur im Bundesstaat Rajasthan ist ein Wunder in Blautönen. Die Gründe hinter dieser Farbgebung ganzer Häuserzeilen sind nicht klar – vielleicht wollten die Mitglieder höherer Kasten ihre Häuser von den anderen absetzen; manch einer meint hingegen, damit würden Insekten ferngehalten. Und selbst in Orten ohne eigene Farbe ist das Kaleidoskop zuweilen faszinierend. Auf dem Bild rechts sorgen die bunten Ladenmarkisen in der Nähe von Hyderabad Charminar für Farbkleckse.

Bei bestimmten indischen Festen sind Kinder zu sehen, die als Gottheiten kostümiert sind. Häufig staffieren die Eltern die Kleinen wie jenen Gott aus, den sie beschwichtigen wollen. Aber manchmal werden Kinder wie Götter gekleidet und müssen um Almosen betteln – wer könnte denn auch ein Gottkind abweisen? Hier posiert ein auf Shiva getrimmter Junge beim Ardh Kumbh Mela in Allahabad für ein Foto.

Viele Mauern sind mit Bildern von Göttern bemalt, und Anblicke wie dieser Shiva sind in den meisten Städten gang und gäbe. Die Malereien sind nicht etwa Ausdruck der Ergebenheit, sondern sollen die Männer davon abhalten, an die Mauer zu pinkeln. Aber haben die religiösen Bilder tatsächlich eine Wirkung auf die in der Öffentlichkeit urinierenden Männer? Bei diesem hier scheint das letzte Wort jedenfalls noch nicht gesprochen.

Oben und rechts: Die Gottheiten sind vielleicht die gleichen, aber die Tempel im Norden Indiens unterscheiden sich sehr von jenen im Süden. Oben ist der berühmte Minakshi-Tempel in Madurai zu sehen. Die Wände dieses architektonischen Wunderwerks zieren mehr als 33 000 Skulpturen von Göttern, mythischen Tierwesen und Dämonen sowie bunte Malereien, die die Götter und die Natur rühmen. Die Tempel im Norden sind meist weniger farbenfroh und haben einen deutlich anderen *gopuram* (Torturm).

Oben und rechts: Die buddhistische Kultur bietet ihre ganz eigenen exotischen Anblicke. Um den Sieg des Guten über das Böse zu feiern, wird in Ladakhs Hemis-Kloster alljährlich das zweitägige Hemis-Fest begangen (Bilder links und rechts). Zu Ehren von Guru Rinpoche führen maskierte Tänzer in leuchtend bunten Roben fesselnde Dramen auf, dazu spielen Trommeln und traditionelle Hörner. Die Aufnahme in der Mitte zeigt die prächtigen Farben eines tibetischen buddhistischen Klosters im Himalaja.

In Keralas Stadtteil Thrissur darf man sich nicht wundern, wenn einem eine Horde junger wie alter Männer begegnet, die wie Tiger bemalt sind. Der Zweck hinter ihren Tänzen während des zehntägigen Erntefestes Onam ist bloßes Vergnügen. Das Thema der Tanzvorführungen *(pulikali)* ist – man ahnt es – die Tigerjagd.

RECHTS: Religiöse Kostümspiele kennzeichnen das Große Angalamman-Festival, das in ganz Tamil Nadu begangen wird. Hier maskieren sich die Gläubigen als Göttin Angalamman, um sie zu beschwichtigen und damit ihre Gebete erhört werden. Angalamman ist eine mächtige, nicht vedische Schutzgöttin, der manchmal Blutopfer dargebracht werden.

Beim Sikh-Fest Hola Mohalla, das am Tag nach Holi stattfindet, stehen die atemberaubenden martialischen Scheinkämpfe der Nihang-Sikhs im Mittelpunkt. In einer vom zehnten Sikh-Guru Gobind Singh Ji ins Leben gerufenen Tradition führen die mutigen Nihangs militärische Übungen vor, die einst für die Khalsa-Krieger und die Sikh-Gemeinschaft allgemein überlebenswichtig waren. Die Nihang-Sardaren waren Meister in der Kampfkunst Gatka, die nur die Sikh-Krieger des Khalsa Panth ausübten.

Einer der alten Durga-Puja-Bräuche in Kalkutta ist das Versenken des Kultbilds, das Shobhabazars Königsfamilie gehört. Normalerweise werden die Abbilder vom Ufer aus ins Wasser geworfen, aber die Shobhabazar-Familie macht das anders: Sie lassen die Göttin mitten auf den Ganges transportieren, um sie dort zu versenken. Solche Wasserrituale kennzeichnen das Ende der alljährlichen Durga- und Ganesh-Feste, die überall im Land stattfinden. Besucher von nah und fern kommen, um dabei zuzuschauen.

Oben und rechts: Bei mehr als 20 großen Flüssen, die Indien kreuz und quer durchziehen, spielt sich das Leben meist auf den *ghat*s und am Ufer ab. Mit 400 Millionen Anwohnern ist das Einzugsgebiet des Ganges das bevölkerungsreichste der Welt. Die Menschen nutzen den Fluss für diverse Zwecke: zum Kochen, Waschen und Baden, aber auch zur Energiegewinnung und für Fabriken. Am Ufer liegen farbenfrohe Tücher zum Trocknen aus (oben), und im Fluss dümpeln kleine Boote, die scheinbar für Freizeitfreuden vertäut sind (rechts).

Oben und rechts: Die Flüsse, insbesondere den Ganges und die Yamuna, könnte man als Lebensadern des Hinduismus bezeichnen. Der Ganges, in der Mythologie als aus dem Himmel herabgestiegene Gottheit personifiziert, wird untertänigst verehrt. Die *ghat*s von Benares sind eine bedeutende Pilgerstätte für Verehrer des Flusses, die hier ihre Sünden abwaschen, ihren Respekt zollen und dem heiligen Wasser sogar die Asche ihrer Verstorbenen anvertrauen. Die *ghat*s säumen zahlreiche Schreine und Tempel für den mächtigen Fluss.

Indien ist quasi ein Synonym für den Yogi, und die uralte Tradition des Yoga setzt sich auch in der westlichen Welt immer mehr durch. »Yoga« bedeutet »zusammenbinden«; die Übungen sollen Geist, Körper und Atem vereinen. Zudem sollte damit die Seele dessen, der Yoga praktiziert, mit dem göttlichen Geist des Universums vereint werden.

Die klassische Phase des Yoga, das vor über 5000 Jahren entwickelt und im Rigveda erstmals erwähnt wurde, begann, als Meister Patanjali das Yogasutra verfasste.

Yoga besteht aus drei Säulen: Körperübungen, Atmung und Meditation. Mit den Körperübungen soll leichter Druck auf die Drüsensysteme ausgeübt und dadurch die Gesundheit gestärkt werden. Atemübungen, Pranayama, sind wichtig, weil der Atem die Quelle des Lebens ist. Körper- und Atemübungen bereiten den Körper auf die Meditation vor, in der Heilung und spirituelle Absolution erst möglich sind.

In seiner ursprünglichen Form ist Yoga eine ganzheitliche Art des Trainings, doch die populäre Kultur hat daraus einen Sport für Akrobaten und Schlangenmenschen gemacht. Auf dem Bild praktiziert ein Yogi das *Anuloma-Viloma*-Pranayama (abwechselndes Atmen durch jeweils ein Nasenloch) auf den *ghats* des Ganges in Benares. Tauben leisten ihm Gesellschaft.

▬▬

In starkem Kontrast zum Menschengewühl der *ghat*s von Benares stehen die kargen, dünn besiedelten Gebirgslandschaften im Norden. Im Bild oben ist der Chandratal-See zu sehen, der in Spiti auf 4300 Höhenmeter liegt. Der See ist eine Quelle des Flusses Chandra und wird sehr verehrt. Die Farbe des Wassers wechselt im Tagesverlauf von Rot über Blau zu Smaragdgrün. Obwohl in der trockenen Region kaum Regen fällt, sieht man hin und wieder blühende Wiesen (links).

»Wenn es auf Erden ein Paradies gibt, dann ist es hier, ist es hier, ist es hier«, schrieb der persische Dichter Amir Chosrau über Kashmir. Das gleichnamige Tal ist berühmt für seine Gärten, Seen, Hausboote und malerischen Landschaften. Srinagar schmiegt sich in diesem Tal ans Ufer des Flusses Jhelum. Die Stadt, die häufig »Venedig des Ostens« genannt wird, kann ihr Potenzial als Touristenmagnet nicht verwirklichen, weil Kashmir unglücklicherweise als Zankapfel zwischen Indien und Pakistan gilt. Auf dem Bild links schippert ein für die Region typisches *Shikara*-Boot gemächlich über den Nagin-See. In den grünen Hügeln der Gulmarg-Region (auf dieser Seite) sind exotische Pflanzen zu Hause.

Boote sind in Kerala genauso beliebt wie in Kashmir. Auf den bekannten Backwaters des Bundesstaats finden zum Erntedankfest Onam die berühmten Vallamkali (Schlangenbootspiele) statt. Bei den eng mit dem Gott Krishna assoziierten Rennen durchschneiden um die 30 Boote das Wasser auf rund 40 Kilometer Länge. Auf jedem Boot befinden sich etwa 125 Ruderer sowie 25 Sänger, die traditionelle Vanchipattu-Lieder zum Besten geben. Das Klatschen der Ruder bildet die Hintergrundmusik dieses umwerfenden Sportspektakels.

Eine der vielen Kuriositäten des Landes ist die Zuneigung der Inder für ihre Nutztiere. Kuh- und Schafherden verursachen nicht selten Verkehrsstaus, die Tiere werden genauso zuvorkommend und liebenswürdig behandelt wie die eigenen Kinder. In vielen Gemeinden bestimmt der Viehbestand den Wert innerhalb der Gesellschaft, Väter geben den Töchtern häufig eine Kuh oder zwei Ochsen als Mitgift mit. In einer landwirtschaftlich geprägten Gesellschaft stellen diese Tiere naturgemäß einen hohen Wert dar. Links wird einer Schafherde die »Vorfahrt« gewährt, zum Ärger so mancher Verkehrsteilnehmer. Oben teilen sich Mensch und Tier ganz selbstverständlich eine Wasserquelle.

Oben und rechts: Szenen des berühmten Pushkar Mela, eines fünftägigen Kamel- und Viehmarkts in der Stadt Pushkar in Rajasthan. Männer aus den umliegenden Regionen kommen jedes Jahr, um Kamele zu kaufen, zu verkaufen und zu tauschen. Auch mit Kühen, Schafen und Ziegen wird gehandelt. Höhepunkte des Events sind Kamelrennen, Stände mit traditionellem Tuchwerk und Schmuck sowie der Wettbewerb um den längsten Schnauzbart. Das rustikale Flair des Markts hat ihn zu einer der größten Touristenattraktionen Indiens gemacht.

OBEN UND RECHTS: Rajasthans Ranthambore-Nationalpark ist Indiens Antwort auf die Masai Mara in Kenia. In dem rund 400 Quadratkilometer großen Schutzgebiet leben noch ein paar Tiger. Das indische Nationaltier ist stark vom Aussterben bedroht, und dieser Park ist einer der wenigen verbliebenen Plätze, an denen es gut geschützt wird. Touristen können auf den von der Parkleitung angebotenen Safaris die Tiger und viele andere Wildtiere beobachten. Hier sind inmitten der Pflanzen ein männlicher Tiger (oben) und ein Leopard (rechts) zu sehen.

Der Kaziranga-Nationalpark in Assam ist eine weitere »Sicherheitszone« für zahlreiche Vögel und Wildtiere. Der Park, der zum Weltnaturerbe der UNESCO gehört, ist Heimat von zwei Drittel der weltweit gezählten Panzernashornpopulation. Daneben leben hier Tiger, Elefanten, Wasserbüffel und Sumpfhirsche. Auf dem Bild durchstreift eine Elefantensafari das Terrain auf der Suche nach Panzernashörnern – mit Erfolg.

Eine der immer mehr werdenden weiblichen Sportikonen Indiens ist die Boxerin Mary Kom, die ihrem Land auf mehr als nur eine Art dienlich ist. Im cricketbegeisterten Indien sorgte sie dafür, dass sich die Menschen für den Boxsport interessieren. Als sie bei den Olympischen und den Asienspielen antrat, verfolgten eine Milliarde Inder mit angehaltenem Atem ihre Kämpfe und flüsterten Gebete. In einem Land, in dem Sport noch immer als Männerdomäne gilt, beweist Kom, dass eine Frau und Mutter körperlich dazu genauso geeignet ist, wenn nicht sogar besser. Die »grossartige Mary«, eine Tochter Manipurs, stammt aus einer armen Landarbeiterfamilie. Heute ist sie fünfmalige Weltmeisterin im Amateurboxen und die einzige weibliche Boxerin, die in allen sechs Weltmeisterschaften Medaillen gewonnen hat. 2012 erreichte sie bei den Olympischen Sommerspielen Bronze im Fliegengewicht, 2014 bei den Asienspielen Gold. Ihr ist ein Frauenboxclub in Imphal zu verdanken, in dem Frauen Selbstverteidigung lernen. Ihr Leben ist die Geschichte einer Benachteiligten, die ihre Träume durch blossen Mut wahr machte. In den letzten Jahren hat sie ganz allein Boxen zum Pflichtprogramm der Inder gemacht.

Männer heben mithilfe von Stäben Holzblöcke an – dieses Ritual ist Teil des Behdienkhlam-Festivals, des wichtigsten Festes des Jaintia-Volks von Meghalaya. Es findet jedes Jahr Mitte Juli statt, wenn die Aussaat beendet ist (*khlam* ist die Pest, und *beh dien* bedeutet, etwas mit Stöcken zu vertreiben). Die drei Tage andauernden Zeremonien und Rituale gipfeln in einer Zusammenkunft an einem riesigen mit Wasser gefüllten Becken in Jowai, das Aitnar genannt wird, wo Männer mit langen, verzierten Gebilden, *raths*, und zeremoniellen Baumstämmen, *khnongs*, beladen tanzen und herumstolzieren.

Cricket ist zweifellos der beliebteste Sport in Indien. In jeder Nische, an jeder Ecke und in jeder Gasse findet gerade ein Cricketmatch statt. Mangels Platz und Geld dienen häufig Mauern als »Stumps«, und der Zaun zum Nachbarsgarten ist die Spielfeldbegrenzung. Die Britische Ostindien-Kompanie brachte den Cricketsport ins Land, 1782 fand in der Stadt Baroda das erste Spiel auf indischem Boden statt. Ein indisches Team, hauptsächlich aus britischen Kolonisten, hatte 1932 sein Debüt im Test Cricket. Amar Singh Lodha, einer der ersten indischen Fast Bowler und Allrounder, war auch der erste Inder, dem eine Test Cap verliehen wurde. Er errang Indiens ersten Half-Century in Indiens erstem Test. Weitere prominente Namen sind Ranjitsinhji und K. S. Duleepsinhji, die den Weg für Cricket zum indischen Sport der Wahl ebneten. Heute ist Cricket fester Bestandteil der indischen Kultur und vereint eine Milliarde Menschen, ungeachtet der Kaste, der Klasse, der Religion und des Geschlechts. Grosse Cricketspieler wie Sachin Tendulkar werden wie Heilige verehrt, und das indische Nationalteam gehört zu den besten der Welt. Am Tag wichtiger Matches schliessen Läden und Ämter früh, und die Menschen kleben förmlich an ihren Fernsehern und Radios und warten angespannt darauf, dass ihre Helden das Spielfeld betreten.

Den Brihadishvara-Tempel in Tanjore ließ König Rajaraja Chola ab 1010 n. Chr. zu Ehren Shivas errichten. Der Tempel gilt als einer der größten architektonischen Schätze des Landes. Für die Konstruktion des Wunderwerks wurden 13 000 Tonnen Granit verwendet. Hier sitzt ein Mann am Nandi Mandapam im Tempelkomplex und betrachtet die Anlage.

Der *gopuram* (Torturm) des Brihadishvara-Tempels ist mit Stuckskulpturen hinduistischer Gottheiten verziert. Zudem sind an diesem Tempel Statuen und Schnitzereien zu sehen, die 108 Bharatanatyam-Bewegungen sowie ein Porträt von Rajaraja Chola selbst – eines der ältesten Königsporträts Indiens – zeigen.

Ein brillantes Beispiel für die Erhabenheit der Rajasthani-Architektur ist das Jaisalmer Fort, hier in einer Luftaufnahme zu sehen. Die Weltkulturerbestätte gilt als eine der größten Festungsanlagen der Welt und wurde 1156 n. Chr. unter König Rawal Jaisal erbaut. Der Komplex auf dem Trikuta-Hügel fügt sich mit seinen Sandsteinmauern gut ins Gelb der Thar-Wüste ein – perfekt für die strategische Tarnung. Das Fort mitten in der Stadt ist eines der bedeutendsten Bauwerke der Rajput-Könige.

Die indische Architektur ist ein regelrechter Mischmasch aus historischen Perioden und Stilen, dennoch lässt sich eine alle Stile überbrückende ästhetische Einheit erkennen. Die Bogen und Nischen von Delhis Agrasen Ki Baoli (links) aus der Mahabharat-Ära ähneln auffallend denen in der verfallenen Stadt Mandu in Madhya Pradesh (rechts), die viel später, im 10. Jahrhundert, errichtet wurde.

Der Diwan-i-Khas in Delhis Rotem Fort (links) wurde zur Zeit der Mogulnherrschaft für Shah Jahan errichtet. Das Mausoleum für Imam Zamin (rechts) in Delhis Qutab-Komplex entstand zwar weit früher, in der Ära des Sultanats von Delhi, doch die Bauwerke aus verschiedenen Dynastien und verschiedenen Epochen vereint die clevere Verwendung des Marmors.

Den Taj Mahal, Indiens wohl berühmtestes Bauwerk, ließ Großmogul Shah Jahan zum Gedenken an seine verstorbene Frau, Mumtaz Mahal, errichten. An der Marmorkonstruktion arbeiteten mehr als 22 000 Männer und 1000 Elefanten über 17 Jahre lang. Das Mausoleum am Fluss Yamuna in Agra ist ein prächtiges Beispiel für die Vorliebe der Moguln für Symmetrie, denn die vier Seiten sind jeweils Spiegelbilder voneinander.

Der Taj-Komplex umfasst mehrere Gebäude, darunter eine Moschee (rechts) und eine Reihe von Unterkünften für Gäste sowie Gärten. Interessant ist, dass der weiße Marmor des Taj Mahal im Tagesverlauf in verschiedenen Tönen schimmert – früh am Morgen erscheint er rosa, in der Abenddämmerung milchig weiß, und bei Vollmond glänzt er gar sanft golden. Es heißt, Shah Jahan habe diesen Effekt erzielen wollen, um die ständig wechselnden Stimmungen der Frauen, insbesondere seiner Gattin Mumtaz Mahal, aufzuzeigen.

Rechts und links: Ein weiteres architektonisches Juwel, das Shah Jahan Indien hinterließ, ist Delhis berühmte Jama Masjid, eine der bedeutendsten Moscheen der Stadt, in deren Innenhof bis zu 25 000 Gläubige Platz finden. 5000 Arbeiter waren am Bau der damals eine Million Rupien teuren Moschee mit drei Portalen, vier Türmen und zwei Minaretten beteiligt. Der östliche Eingang, der heute nicht mehr benutzt wird, war den Herrschern und Königen der Mogulnära vorbehalten. Hier sind Szenen des alljährlichen Festes Eid al-Fitr zu sehen, das an der Moschee stattfindet.

Mit über einer Milliarde Einwohnern steht Indien hinter China bezüglich der Bevölkerungszahl an zweiter Stelle. Besucher sind von diesem wogenden, atmenden, lebenden Menschenmeer nicht selten überwältigt. Mit einer jährlichen Wachstumsrate von geschätzten 1,3 Prozent (2015) bekommt Indien alljährlich mehr Zuwachs als der Rest der Welt. Zwischen den Volkszählungen von 2001 und 2011 wuchs die Bevölkerung um 181 Millionen. Bis 2025 wird Indiens Einwohnerzahl wohl China überholt haben, und bis 2050 soll das Land etwa 1,65 Milliarden Menschen beherbergen. Mit einem Durchschnittsalter von 27 Jahren ist Indien eines der jüngsten Länder der Welt. Entmutigend, aber einzukalkulieren ist jedoch die Tatsache, dass die Männer langsam die Frauen zahlenmässig übertreffen. Im Jahr 2014 kamen auf 100 Frauen ganze 113 Männer. Die Regierung und mehrere Nichtregierungsorganisationen geben sich Mühe, der ungleichen Geschlechterverteilung entgegenzuwirken, doch noch darf man nicht überrascht sein, wenn man in der Öffentlichkeit mehr Männer als Frauen sieht.

In einem Land, in dem ein Sechstel der Weltbevölkerung lebt, Superstar zu sein, kommt dem Status eines Halbgottes nahe. Film- und Sportgrößen werden wie Götter verehrt, ihre Bilder sind überall zu finden – an Autos, Lastwagen und an Chennais Marina Beach sogar als lebensgroße Poster. Hier sind u. a. lebensgroße Starschnitte von Rajinikanth und Sachin Tendulkar zu sehen, mit denen Fans für Fotos posieren.

Neben Starschnitten gibt es an indischen Stränden auch Karussells, Pferde für Ausritte, Wahrsagerinnen, Seiltänzer und anderes Entertainment. Im Bild kaufen Frauen und Kinder Tickets, um mit Pfeilen auf Ballons zu werfen – wer viele zum Platzen bringt, kann einen Preis gewinnen. Die Strände werden immer mehr zum perfekten Wochenendziel für Familien, denen hier außer lustigen Spielen auch Streetfood geboten wird.

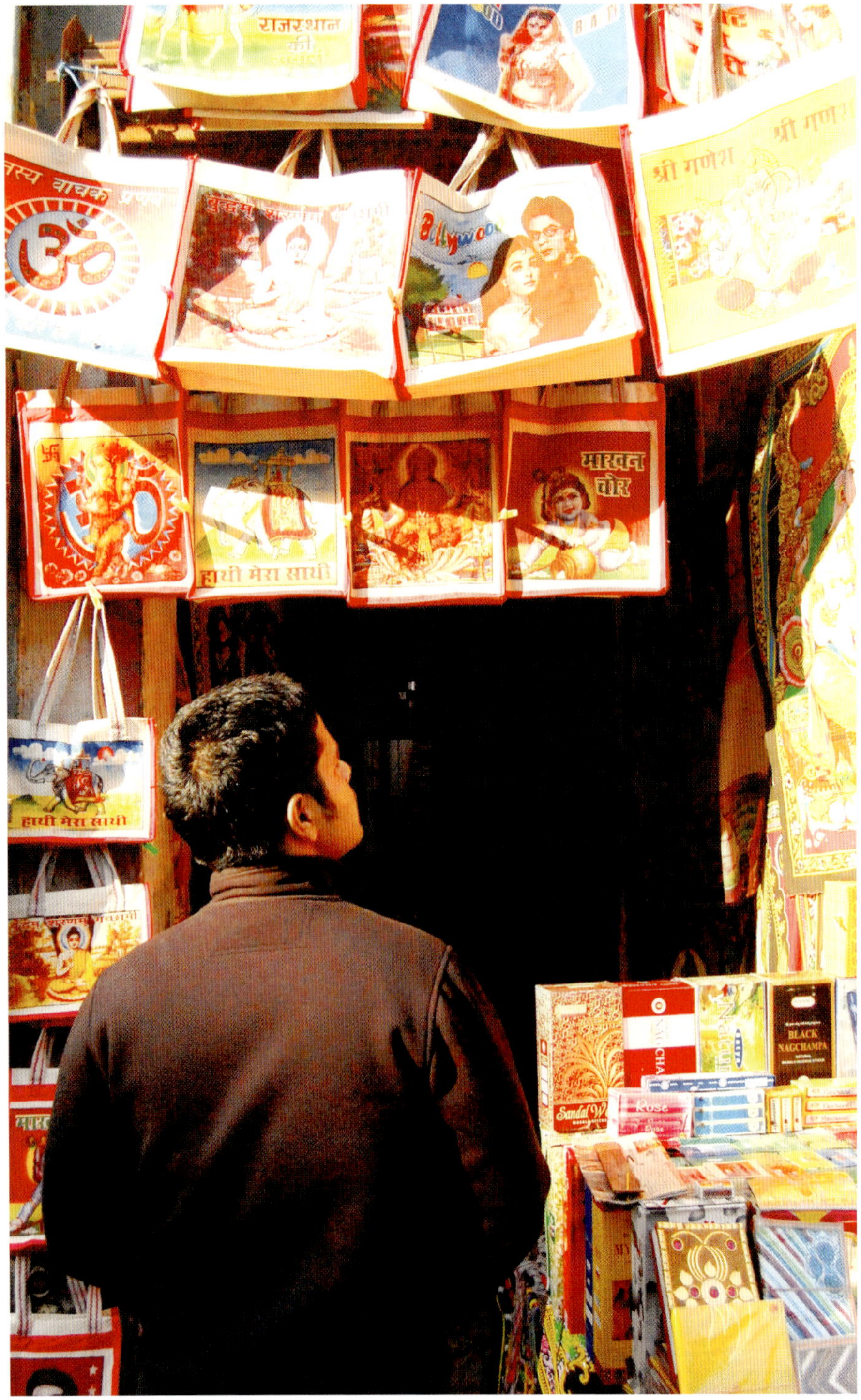
राजस्थान
श्री गणेश
माखन
चोर
हाथी मेरा साथी
BLACK
NAGCHAMPA
Rose

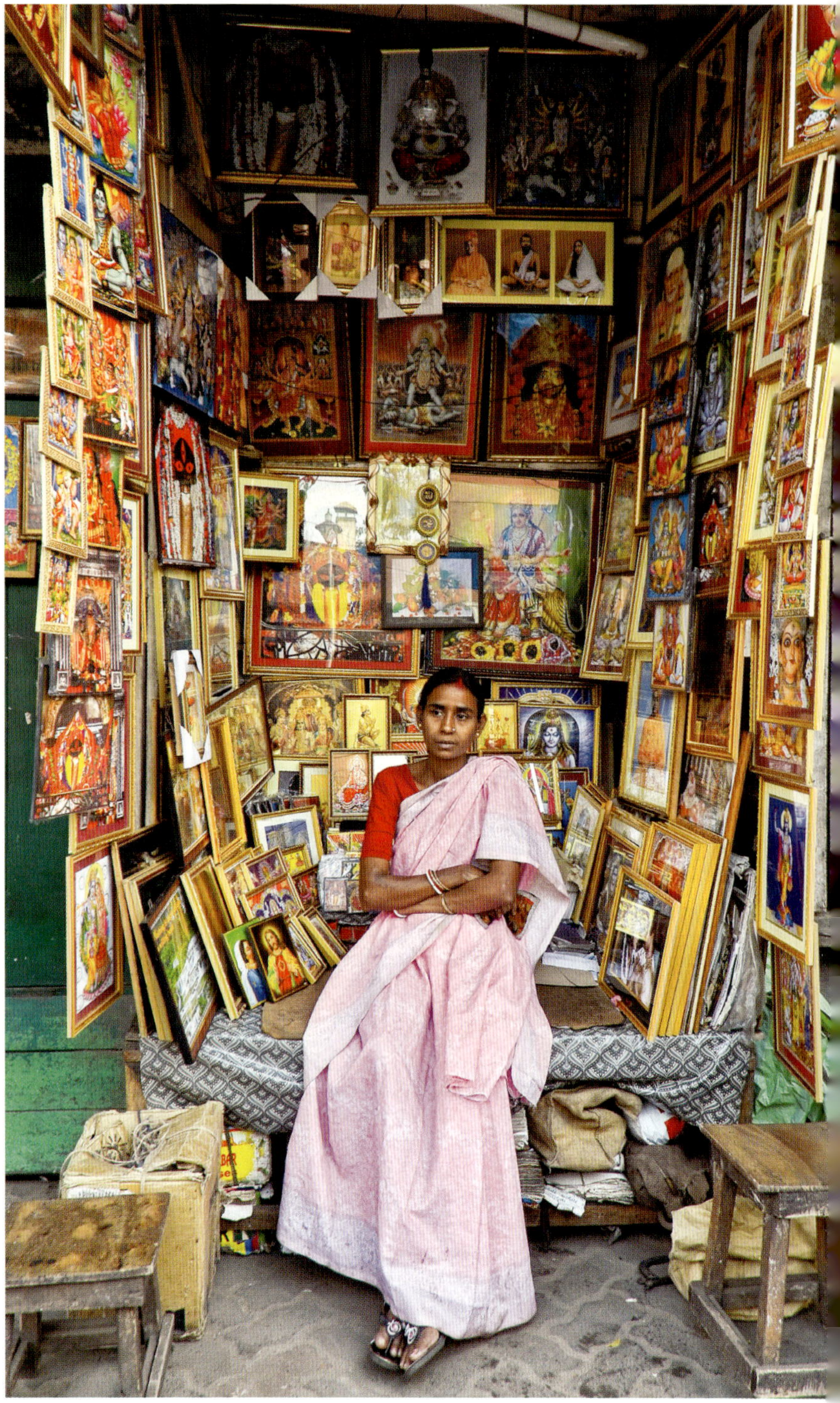

Indiens Ikonenmalerei ist eine Kunst für sich. In einem Land, in dem echte, greifbare Idole verehrt werden, überrascht es kaum, dass Bilder – weltliche wie religiöse – Ehrenplätze einnehmen, ob in Form eines Porträts einer Schauspielerin von einst an einer modischen Tasche oder des Kunstkalenders mit Göttern und Göttinnen im Stil des Künstlers Ravi Varma. Nicht zu vergessen die Porträts von Größen wie Mahatma Gandhi und Jawaharlal Nehru, die die Wände der meisten Regierungsämter schmücken. Die Möglichkeiten für Kitsch sind in Indien endlos.

Oben und rechts: Filme und Werbung bestimmen die Bilder, die wir um uns herum sehen. Eine an eine Plakatwand montierte Spiderman-Figur wirbt für den neuesten Streifen der Peter-Parker-Saga. Die Frauen auf dem Plakat symbolisieren das Ideal der urbanen, unabhängigen modernen Frau. Das gemalte Porträt einer Schauspielerin (rechts, Mitte) hingegen zeigt das Bild der Frau, wie es die Medien noch vor ein paar Jahrzehnten präsentierten.

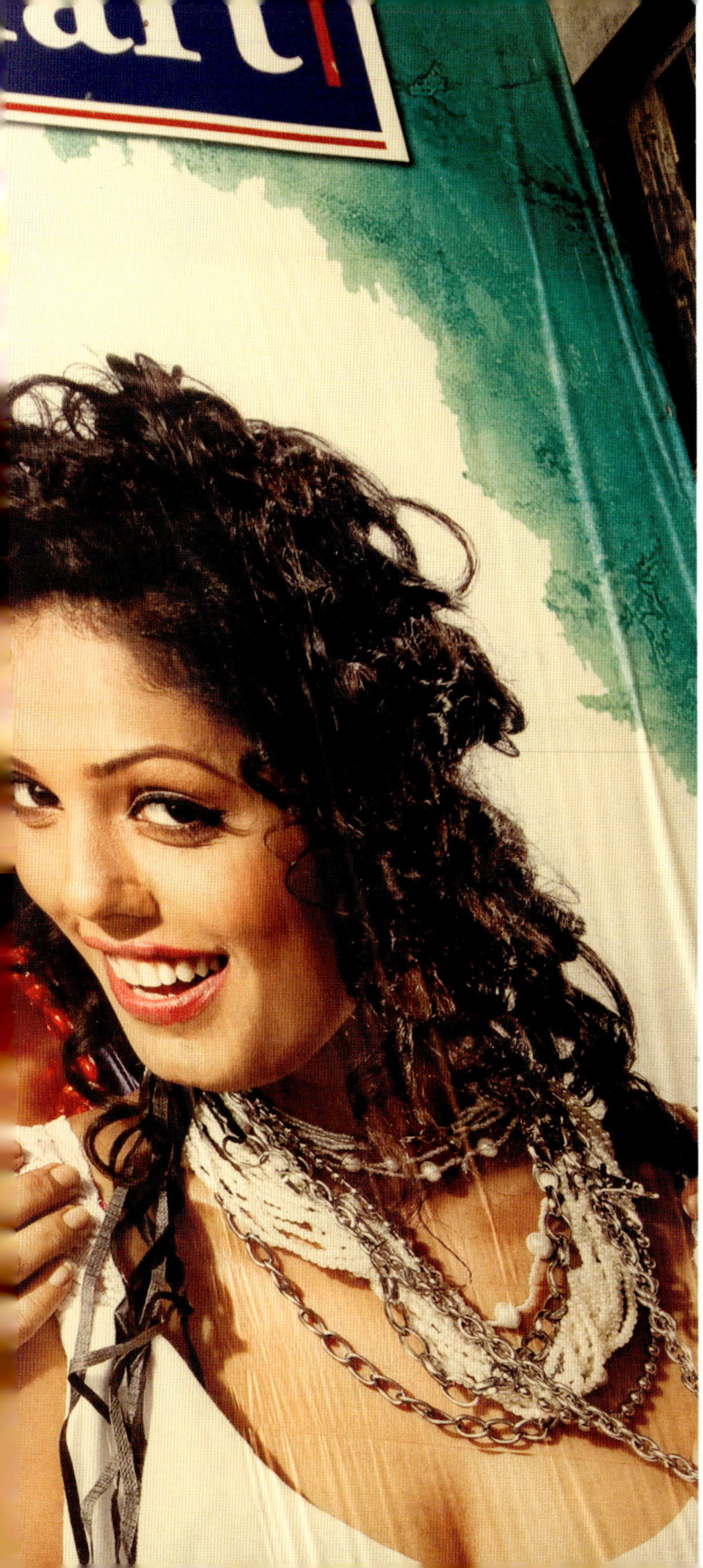

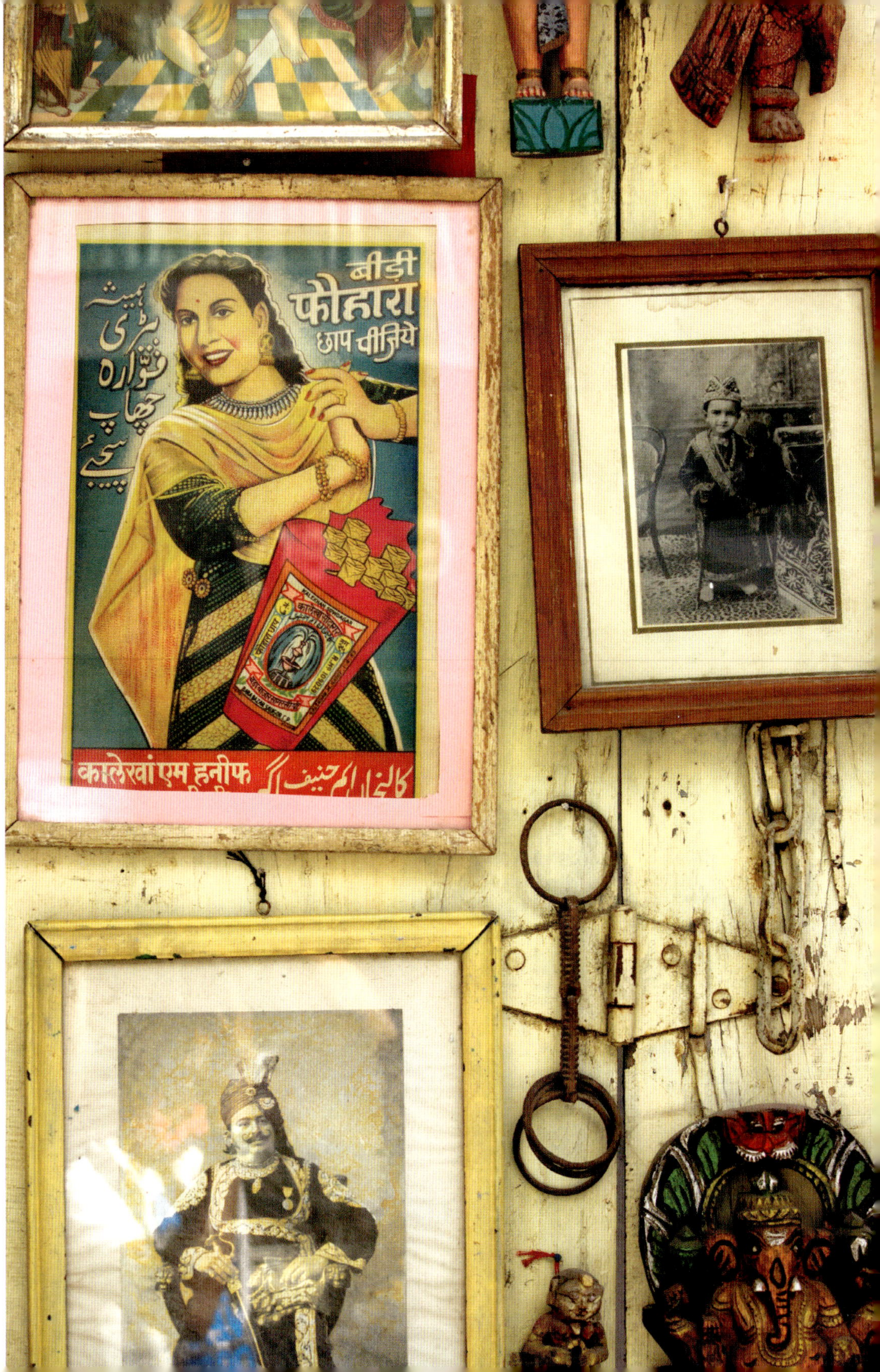
बीड़ी
फौहारा
छाप पीजिये
ہمیشہ
بڑی
فوارہ
چھاپ
پیجیے
कालेखां एम हनीफ

Zuweilen können bestimmte Bauten eine ganze Stadt symbolisieren, wie etwa die Howrah Bridge, offiziell Rabindra Setu, in Kalkutta, die als »freitragende Hängebrücke« beschrieben wird. Sie wurde von der Cleveland Bridge & Engineering Company über den Fluss Hugli gespannt, 1943 eingeweiht und ist heute eines der Wahrzeichen der Stadt. Hier sinniert eine alte Frau über die Erhabenheit der Brücke, während sie ihren Morgentee genießt.

Fest zum Alltag in Kalkutta gehören *addas* im Kaffeehaus: Gruppen von Gleichgesinnten sitzen stundenlang bei Getränken zusammen und diskutieren über Politik, Wirtschaft und andere aktuelle Themen. Das College Street Coffee House (oben) ist Teil der Stadtgeschichte, denn hier trafen sich große Denker und Intellektuelle. Zu den berühmten Stammgästen gehörten etwa Satyajit Ray, Ritwik Ghatak, Amartya Sen und Sunil Gangopadhyay.

Weil Indien so dicht bevölkert ist, müssen viele Menschen quasi auf Tuchfühlung nebeneinander wohnen. Dies gilt insbesondere für Mumbais Innenstadt. Ein typisches *chal* (links) ist ein vier- oder fünfstöckiges Gebäude mit vielen Ein-Zimmer-Apartments auf jeder Etage. Die ersten entstanden Anfang des 20. Jahrhunderts als Unterkünfte für die Arbeiter in den Baumwollfabriken. Diese *chals* haben meist einen einzigen Toilettenblock mit vier oder fünf WCs. Im Bild oben legen Waschmänner des berühmten Mumbai Dhobi Ghat Kleider zum Trocknen aus. Der weltweit größte Freiluft-Wäschedienst wurde in den 1890er-Jahren für die Engländer eingerichtet. Das Mahalakshmi Dhobi Ghat gehört heute der Stadt, die für die Waschmänner die Miete und Wartungskosten übernimmt. Ein Besuch der *chals* im Dhobi Ghat bietet einen unvergesslichen Einblick in die inneren Abläufe dieser Metropole.

Die christlichen Gemeinden in den vielen verschlafenen Ortschaften und betriebsamen Städten des Landes florieren. Die katholischen und protestantischen Rituale sind zwar in der ganzen Welt nahezu identisch, doch es gibt interessante kulturelle Eigenheiten, ob nun der *Desi-*Akzent der Priester, die Kanjeevaram- und Banarasi-Saris der Gläubigen oder gar die Bollywood-Einlagen, die jede Hochzeit beleben. Im Bild ist ein Paar zu sehen, das sich in seiner Gemeindekirche das Jawort gibt. Auf dem schönen Buntglasfenster sind Szenen aus Jesu Leben dargestellt.

Parsen-Kinder betreten am Neujahrsfest der Parsen, Navroze, einen Feuertempel in Mumbai. Die Parsen sind Anhänger des Zoroastrismus, die irgendwann im 7. Jahrhundert von der islamischen Mehrheit aus ihrem Heimatland Persien vertrieben wurden. Die Parsen machen heute die kleinste religiöse Gemeinschaft in Indien aus, ihre Küche und ihre Kultur jedoch genießen in der Gesellschaft einen hohen Stellenwert.

In einem Land, in dem eine Milliarde Menschen unterwegs ist, läuft das Transportsystem (manchmal) wie eine gut geölte Maschinerie. Mit Diensten wie Mumbais gut gefüllten Lokalzügen (links) oder Delhis gasbetriebenen Taxis (oben), die durch die verstopften Straßen schaukeln, bietet die Regierung schnelle, effektive und erschwingliche Arten der Fortbewegung. Öffentliche Verkehrsmittel sind das Vehikel der Wahl für alle Inder, die sich entweder kein Auto leisten können oder die ihre CO_2-Bilanz verbessern wollen. Und für Besucher sind die Lokalzüge und U-Bahnen ideal zum Leutebeobachten.

Fahrzeuge – ob groß oder klein, ob dick oder lang – hauchen Indiens Straßen Leben ein (und Abgase aus). Die bunt bemalten Lastwagen, die flotten Pkws, die schwerfälligen Busse, die behäbigen Limousinen, die aggressiven SUVs und die farbenfrohen Kombis sind die Zutaten jedes Verkehrsstaus. Der einzigartige Lieferwagen links hat eine SUV-Front und die Karosserie eines Lkw. Oben werden Pkw-Raritäten und Oldtimer für eine Runde in Neu-Delhis Autoklassiker-Rallye bereit gemacht.

Oben und rechts: In den letzten 20 Jahren haben große Modelabels und -designer in Indien Fuß gefasst, und inzwischen ist Mode auch hier ein ernst zu nehmendes Business. In indischen Großstädten finden nach dem Vorbild von Paris und New York Fashion Weeks statt. Bei der alljährlichen Wills Lifestyle India Fashion Week (oben) etwa präsentieren viele berühmte Modemacher ihre neuen Kreationen. Und abseits der Laufstege bieten Boutiquen der Kundschaft internationale Markenmode – Indien wird nach und nach zu einem trendbewussten Land.

▬▬▬

Indien hat ein reiches, jahrhundertealtes Vermächtnis an großartiger Kunst und großzügigen Mäzenen. Ein modernes Beispiel ist die jedes Jahr stattfindende India Art Fair in Neu-Delhi, die von Venedigs Biennale inspiriert wurde. Der indische Kunstmarkt, der auf gut 20 Milliarden Rupien geschätzt wird, hat auf diese Veranstaltung von Weltformat richtig reagiert, und seit der Gründung im Jahr 2008 wurden auf der Messe schon Werke von Picasso, Dalí, Rodin, M.F. Husain, Anish Kapoor, Damien Hirst und Anjolie Ela Menon ausgestellt und verkauft.

riechen

DA SICH DAS LEBEN IM FREIEN ABSPIELT, SIND DIE GERÜCHE INDIENS SCHIER ÜBERWÄLTIGEND: RINGELBLUMEN- UND ROSENKETTEN, DIE ALS WILLKOMMENSGRUSS GEREICHT WERDEN, BRENNENDER WEIHRAUCH IN DEN TEMPELN, MARKTSTÄNDEN UND LÄDEN, TÖPFE MIT BLUBBERNDEM CURRY, FRISCHER INGWER UND GEWÜRZE IM MORGENDLICHEN MASALA CHAI, AYURVEDISCHE ÖLE, SANDELHOLZPERLEN UND FRISCHE BERGLUFT. VOM VERLOCKEND WARMEN DUFT EINER TASSE CHAI AN EINEM WINTERMORGEN BIS ZUM KUHDUNG AN DEN HAUSMAUERN IN DEN DÖRFERN – INDIEN BESTÜRMT EINEN MIT AUTHENTISCHEN, EINZIGARTIGEN, ÜBERMÄCHTIGEN DÜFTEN.

der Geruchssinn gilt als eng mit Erinnerungen verknüpft – der zarte Duft einer Rose, die zwischen den Blättern eines Buchs gepresst wurde, lässt uns an eine Liebe zurückdenken, die einmal hätte sein können ... und der Geruch von Khus-Gras im traditionellen Luftkühler erinnert an die Sommerferien in der Kindheit.

Jede Stadt, jedes Viertel und jedes Wohnhaus Indiens hat einen ganz eigenen Geruch oder Duft – eine seltsame Mischung aus Asant, der in einer Pfanne zischt, heimelige Aromen der Lieblingsgerichte der Familie, Weihrauch, der aus dem Gebetsraum wabert, Kampferduft, der aus dem Kleiderschrank dringt, der Duft von Großmutters Sandelholzpuder, der brennende Geruch von Phenyl, mit dem die Böden geschrubbt werden, Blumendüfte, scharf riechende Gewürzberge auf dem Marktplatz und die köstlichen Gerüche von Streetfood – dies sind nur ein paar der unzähligen Düfte, die dieses Land ausmachen. Für jeden mit einem ausgeprägten Geruchssinn ist Indien eine Orgie aus wohligen und weniger wohligen Gerüchen, und irgendwie ist man ständig nur einen Schritt von einem Ausflug in die Korridore der Nostalgie entfernt.

Die Beziehung der Inder zu den unzähligen Düften ihrer Heimat ähnelt irgendwie der alten indischen Volkssage über den *kasturi* oder Moschushirsch. Das Männchen dieser Art hat einen besonders anziehenden Geruch, der aus einem Beutel bei seinen Genitalien strömt und Weibchen anziehen soll. Es heißt, der *Kasturi*-Hirsch suche sein ganzes Leben lang die Quelle dieses faszinierenden Duftes. Weil er sie aber nicht findet, will er frustriert davon weggelangen – nur um festzustellen, dass er ihm überallhin folgt. Erst ganz am Ende, wenn der Hirsch seinen letzten Atemzug macht, erkennt er, dass sein eigener Körper diesen wunderbaren Geruch verströmt ... Es ist sein ganz eigenes Odeur! Die Moral dieser Geschichte: Man kann sein ganzes Leben lang auf der großen weiten Welt nach dem Schönen suchen, doch häufig liegt die Schönheit in einem selbst.

***

Es ist erstaunlich, dass in einem derart gläubigen Land wie Indien kein Gebetsraum dem anderen gleicht. Verschiedene Familien beten zu unterschiedlichen Gottheiten, und es gibt so viele Gebetsrituale und -utensilien, wie es Götter gibt. Ein paar Dinge jedoch findet man in jedem Gebetsraum in jedem Winkel des Landes, und dazu gehört der Weihrauch.

Die Verwendung von Räucherwerk kann bis zum Rigveda und zum Atharvaveda zurückverfolgt werden, in denen dem Geruch heilende und reinigende Kräfte zugeschrieben werden. Interessanterweise findet sich dieser Glaube an die göttlichen Kräfte von Düften in fast allen alten Kulturen, auch im alten Ägypten, in China und bei den Indianerstämmen Amerikas. Im Ayurveda, der mithilfe von Kräutern Krankheiten an Körper und Geist heilte, wurde Weihrauch ebenfalls als Medizin eingesetzt. Weihrauch mit Eukalyptus etwa sollte Anspannungen lindern, und der Duft von Patchouli sollte für klare Gedanken sorgen. Dies waren Vorläufer der Aromatherapie, wie wir sie heute kennen. Auch die Sadhus und Mönche in den Tempeln wussten um die Heilkräfte bestimmter Düfte und verbrannten Weihrauch an heiligen Feuerplätzen, den *dhuni*.

Vorhergehende Doppelseite (92–93): Blumen und ihre Düfte sind gleichbedeutend mit Fröhlichkeit. Hier ist eine Szene des berühmten Phoolon Ki Holi (Blumen-Holi), einer alljährlichen Feier in Vrindavan, zu sehen. Es heißt, dass Krishna und Radha, beides Kinder Vrindavans, dieses Frühlingsfest mit Blumen begingen. Heute werden in den meisten Landesteilen Puderfarben verwendet, einige Gemeinden von Vrindavan verwenden aber nach wie vor Blumen. Damit ist ihr Holi nicht nur ein Farbenrausch, sondern auch ein Fest der Düfte.

Im Lauf der Zeit wuchs die Nachfrage nach einem benutzerfreundlicheren Räucherwerk, und indem es als Masse auf ein Bambusstöckchen aufgetragen wurde, entstand das Räucherstäbchen *(agarbathi)*. Das rituelle Anzünden von *agarbathis* vor dem Bildnis einer Gottheit wird als *dhup* bezeichnet. Das süß riechende Räucherwerk soll böse Geister fernhalten, der heilige Rauch alles Negative vertreiben, und der angenehme Duft steht für die Anwesenheit des Göttlichen. Und für alle Nichtgläubigen: Wissenschaftliche Studien haben ergeben, dass die ätherischen Öle des Weihrauchs bestimmte Arten aerogener Bakterien zerstören können. Tatsächlich galt Weihrauch im Ayurveda als starkes Antiseptikum, und es empfahl ihn für Krankenzimmer und Hospitäler.

***

Die Verwendung von Duftstoffen beschränkt sich nicht auf das Gebet und die Heilkunst, sondern spielt auch in der Kosmetik eine große Rolle. Laut einer von einer globalen Beraterfirma durchgeführten Marktstudie beläuft sich der Wert des indischen Würz- und Duftmarkts auf 225 000 Millionen US-Dollar, und Duftstoffe machen 55 Prozent davon aus. Tatsächlich besagt dieselbe Studie, dass viele internationale Parfümhersteller einige ihrer Rohprodukte aus Indien beziehen – sowohl direkt von den Bauern, die die Pflanzen anbauen, als auch von Großhändlern. Die moderne Parfümindustrie hat zwar eine ganz andere Geschichte, aber indische Duftsoffe wurden erstmals in der Indus-Kultur hergestellt, indem aus Pflanzen oder Tierprodukten Duftöle extrahiert wurden. Erstmals erwähnt wurde Parfüm im ayurvedischen Text *Charaka Samhita*. In der Vedischen Zeit wurden Parfüms ausschließlich für religiöse Rituale benutzt und niemals um der bloßen Eitelkeit willen.

Attar, die beliebteste und typisch indische Art von Parfüm, ist ein natürliches Duftöl pflanzlichen Ursprungs, völlig frei von Alkohol oder chemischen Zusätzen. Die von Blüten und Kräutern gewonnenen Öle werden auf Holzbasis destilliert, oder man mischt sie mit Sandelholzessenz und lässt sie reifen. Das hoch konzentrierte *attar* wird in hübschen kleinen Flakons verkauft. Es war schon bei den Aristokraten der Mogulzeit sehr populär und taucht immer wieder in der indischen Folklore auf. Mirza Ghalib, ein legendärer Dichter aus dem 18. Jahrhundert, soll sich vor den Treffen mit seiner Liebsten mit *attar* Hände und Gesicht eingerieben haben. Kaiser Akbar verwendete es angeblich jeden Tag, und kein Bad einer Mogulgattin war ohne ihr Lieblings-*attar* komplett.

Im urbanen Indien, wo Läden die neuesten Parfümkreationen von Gucci und Chanel führen, hat die Bedeutung von *attar* etwas nachgelassen. Doch ironischerweise hat eben der Westen zu seiner Freude dieses »biologische« indische Parfüm entdeckt.

Kannauj, rund 80 Kilometer von Kanpur entfernt, war einst die Hauptstadt von Großkönig Harsha, heute ist es eine recht verschlafene Stadt. Außer ihrer Pracht aus vergangenen Zeiten hat sie wenig zu bieten – abgesehen von ihrem Status als Indiens *Attar*-Zentrum. Bis in die 1990er-Jahre hinein stellten in Kannauj um die 650 Parfümerien den Duftstoff her. Die heute verbliebenen 200 arbeiten allesamt noch nach den uralten Methoden der Mogulparfümeure. Die Arbeiter in den Parfümerien sagen, dass das aus Rosen gewonnene *attar* zwar am beliebtesten ist,

das einzigartige sei aber *mitti attar*, das den Geruch feuchter Erde nach dem ersten Monsunregen in Fläschchen einfängt. Man findet wohl kein modernes Parfüm, das dies von sich behaupten kann.

***

Besucht man die kleineren Ortschaften im Bundesstaat Tamil Nadu, fällt einem in den Bussen und Bahnen und sogar auf Märkten und in Privathäusern ein süßlicher, vielleicht ein bisschen zu süßlicher Geruch auf. Diesen typisch indischen Duft verströmen die Jasminblütenketten, *malipus*, die die hiesigen Frauen im Haar tragen. Die *malipus*, in Nordindien auch *gajras* genannt, gehen auf das Konzept der *solah shringar*, der 16 Verzierungen von Bräuten und frisch vermählten Frauen, zurück. Blumen sind sozusagen Herz und Seele dieses Landes. Sie werden in religiösen und gesellschaftlichen Zeremonien ausgiebig verwendet – keine Hochzeit, keine *puja* und kein Festival kommt ohne Blumen aus.

Bei Gebeten gehören auf jeden *puja thali* zumindest ein paar Blumen. Da jedoch jede Hindugottheit ihre spezielle Lieblingsblume hat, gilt es manchmal als Sakrileg, die falsche Blüte zu opfern. Vishnu, der Bewahrer des Universums, wird mit zarten weißen Blüten wie Jasmin und Mogra assoziiert. Ganesha, der Elefantengott, soll von Ringelblumen angetan sein. Die fein duftende gelbliche Champa-Blume taucht in der indischen Mythologie häufiger auf und gilt als eine der fünf Blumenpfeile des Liebesgottes Kamdeva, und Lakshmi, die Göttin des Reichtums, wird stets auf einer Lotosblüte dargestellt. Während eiserne Traditionalisten darauf beharren, bestimmten Göttern spezielle Blumen zuzuordnen, nehmen die meisten Leute doch Ketten aus der am schönsten duftenden Blüte, die sie bekommen können. Schließlich ist es ja der Inhalt, der zählt. Nach der morgendlichen *puja* im Tempel oder zu Hause mischt sich der Weihrauchduft mit jenem der Blumen und schafft eine Aura perfekter Harmonie und Heiligkeit.

Ohne Blumen wären indische Festivitäten undenkbar. Zu Diwali werden die Häuser mit Ringelblumengirlanden geschmückt, und an Durga Puja bringt man traditionell hellrote Hibiskusblüten als Opfer dar. Indische Hochzeiten verlören ohne Blumen die Hälfte ihres Zaubers: Nach den Heiratsritualen wird das Paar mit Rosenblättern überschüttet, und in einer lustigen Zeremonie ringen Braut und Bräutigam darum, dem anderen Blumenketten um den Hals zu legen – es heißt, dass die Person, die als erste eine Kette um den Hals hat, in der Ehe niemals die Oberhand haben wird. Blumen verleihen zweifellos jedweder Feier einen besonderen Charme, und auch das zeigt, dass Indien eben ein Land ist, das alle fünf Sinne stimuliert, auch den Geruchssinn.

***

Um aufrichtig zu sein: Nicht alle Gerüche Indiens sind angenehm. Für Nasenrümpfen oder sogar Würgegefühle sorgt beispielsweise häufig der Geruch von Kuhdung, *gobar*. Die Kuh gilt in Indien als heilig, der Rigveda beschreibt sie als »Devi« oder auch »Aditi« (Mutter der Götter). Die schönen Rinder liefern Milch – in der indischen Küche eine überaus wichtige Zutat. Warum aber Kuhfladen auf dem Subkontinent so beliebt sind, mag man sich so gar nicht zusammenreimen.

Kuhdung wird im hinduistischen Reinigungsritual, dem *yagna*, und bei religiösen Feuern als Brennstoff verwendet, zudem gilt er als das beste Mittel, um ein Areal zu säubern. Der wissenschaftlich belegte Grund hierfür besteht darin, dass Kuhdung bestimmte Gase enthält, die beim Verbrennen gegen Schadstoffe und Strahlungen wirken. An Govardhan Puja beten verheiratete Frauen zu Ehren Krishnas vor sorgfältig aufgetürmten Bergen aus getrockneten Kuhfladen.

Der wichtigste Verwendungszweck von Kuhmist ist der als Brennstoff. In alter Zeit sorgten getrocknete Kuhfladen im Ofen für die Hitze zum Kochen. In manchen ländlichen Teilen Indiens wird dies heute noch so gemacht. Kuhdung dient auch dem Anbau der Nahrungsmittel, denn er ist ein guter Dünger. So abstoßend es für manche Stadtbewohner klingt, aber in manchen Teilen Indiens gäbe es ohne Kuhmist kein Essen. Sogar in den Städten haben Wissenschaftler begriffen, dass Biokraftstoff eine effektive und nachhaltige Quelle für Kochgas ist – und es bedarf keines Genies zu erahnen, dass Kuhdung eine wichtige Komponente von Biokraftstoff ist. Tatsächlich erbrachte kürzlich eine Studie von Hewitt Packard, dass ein Milchbetrieb mit 10 000 Kühen theoretisch genügend Energie für mehr als 1000 Server liefern könnte. Kuhmist für den Computer!

Außerdem gilt Kuhdung als wirkungsvolles Anti-Mücken-Mittel. Mit Kuhmist verkleidete Wände und Böden sind in Häusern im ländlichen Indien durchaus gang und gäbe. Dies gilt als wirkungsvolle Art und Weise, das Haus zu reinigen. Zudem halten sich Insekten wie Tausendfüßer und Skorpione von Häusern fern, die mit Kuhdung eingeschmiert sind. Für uns mögen Kuhfladen unangenehm riechen, die Inder jedoch erinnert das »Aroma« von *gobar* an die rustikal-einfache Zeit von einst und beschwört ein Gefühl der Sicherheit und Nostalgie herauf.

***

Rudyard Kipling, der am Himalaja viel Zeit verbrachte, schrieb eine stimmungsvolle Ode an dessen unverwechselbaren Geruch: »Und der letzte Windhauch des Tages brachte aus den unsichtbaren Dörfern den Geruch klammen Holzrauchs, warmer Kuchen, tropfender Büsche und vermodernder Kiefernzapfen. Das ist der wahre Duft des Himalaja, und ist er erst einmal ins Blut eines Mannes gekrochen, wird der Mann am Ende, alles andere vergessend, in diese Berge zurückkommen, um zu sterben.«

Wie könnte man, von Kipling inspiriert, den wahren Duft Indiens beschreiben? Ist es die Meeresbrise, die den Geruch frisch gefangener Fische heranträgt? Der würzige Duft von Kardamom im Morgentee? Die Feste, die nach Ringelblumen riechen? Das wundervolle Aroma frisch gebutterter Maiskolben, während man mit dem oder der Liebsten Hand in Hand dahinspaziert? Der Duft der Lieblingslotion Ihrer Mutter, der für Sie nach Liebe riecht? Der eigentlich so üble Geruch von getrocknetem Kuhmist, der plötzlich Heimweh auslöst? Die beste Party überhaupt, die nach geschmuggeltem Rum riecht? Die Duftwolke der Jasminblüten, das Aroma von frischem Ghee, der Geruch feuchter Kleider nach einem Monsunregen? Duftendes *gajar ka halwa* bei schwerem Winternebel?

All dies macht den Geruch Indiens aus. Und ist der erst einmal in Ihr Blut gesickert, werden Sie, wie Kipling sagt, alles andere vergessen und nach Indien zurückkehren.

Vorhergehende Doppelseite (98–99): Religiöse Plätze in diesem Land haben ihren ganz eigenen, unvergesslichen Duft. Zum typischen »Tempelgeruch« tragen mehrere Faktoren bei, am dominantesten sind aber Blumen und Weihrauch. Angenehmer Duft verheißt die Anwesenheit der Götter, weshalb Gläubige ihnen gern Blumen und Räucherstäbchen *(agarbathis)* darbringen.

Links und rechts: Für festliche Düfte zu sorgen, ist harte Arbeit. Der Blumenhandel ist ein florierendes Geschäft, besonders in der Festivalsaison. Mumbais Stadtbezirk Dadar am Morgen des Diwali-Fests ist ein Fest für alle Sinne – mit duftenden Blumen, lebhaften Farben und lauthals feilschenden Kunden (links). Die Blumen auf solchen Stadtmärkten kommen aus allen Teilen Indiens und werden für verschiedene *pujas* verwendet. In Benares setzen Gläubige Blumen und Kerzen aufs Wasser, um dem mächtigen Ganges zu huldigen.

Von links nach rechts: Nicht nur Weihrauch und Blumen machen den typisch spirituellen Duft aus. Er ist eine berauschende Mischung aus brennenden Butterkerzen in Klöstern und dem besonderen Geruch von geopferten *supari* auf Betelblättern sowie aus den wabernden Düften von *chandan*, *kumkum* und Ghee auf den typischen *puja thali*.

104

Der im Englischen geläufige Ausruf »Holy Smoke!« – »Heiliger Rauch!« – wird in Indien wörtlich genommen. Wie Feuer hat Weihrauch eine besondere Bedeutung.

Räucherwerk aus Benzoeharz (Styrax benzoin) ist bei den Sufi und Muslimen beliebt. Es ist heilsam bei Augen-, Magen-, Hals- und Zungenproblemen und wirkt antiseptisch. In dargahs und Wohnhäusern wird es in Gefässe mit glühenden Kohlen geworfen, um negative Energien zu vertreiben.

Die *Havan*-Zeremonie spielt im Hinduismus, Buddhismus und Jainismus eine bedeutende Rolle. Dabei werden einem heiligen Feuer rituelle Opfergaben, reale wie virtuelle, dargebracht und die Götter angerufen. Das Ritual kann mehreren Zwecken dienen – die vom homakund (Feueraltar) aufsteigenden Rauchsäulen wirken nicht nur reinigend, sondern übermitteln auch Botschaften an den Allmächtigen.

OBEN UND RECHTS: In Indien ist Religion als »Opium der Massen« recht wörtlich zu nehmen. Wie auf den Bildern zu sehen, ist Opium in seiner echten Form so beliebt wie die *agarbathis*. Auf den *ghat*s von Benares, Haridwar und sogar beim Kumbh Mela vermischen sich die Düfte von Blumen, Räucherstäbchen und *nasha* aus den Pfeifen einiger Sadhus zu einem intensiven, süßlichen und unverwechselbaren Geruch. Bei bestimmten Shiva-Anhängern ist das Rauchen von Marihuana Brauch, weil Shiva selbst angeblich eine Vorliebe für diese Pflanze hatte.

Vorhergehende Doppelseite (108–109): Vor der Einführung von Flüssiggaszylindern und direkten Gasleitungen wurden die Mahlzeiten in einem Lehmofen, *chulha*, gekocht. Das Essen köchelte in Töpfen und Pfannen, die auf niedrigen *chulhas* mit Holzfeuer standen. Der Holzrauch verlieh dem Gericht nicht selten seinen besonderen, appetitlichen Geschmack. In manchen ländlichen Gebieten sind noch immer *chulhas* im Einsatz, allerdings gilt inzwischen Kuhdung als umweltfreundlicheres Brennmaterial.

Links und rechts: Zuweilen ist Indien recht ungastlich. Aus physischer Sicht ist es oft zu heiß, zu kalt oder zu überfüllt. Aber nichts kann es mit dem Duft von Ingwertee aufnehmen, der in einer notdürftigen Küche aufgebrüht wird und irgendwie für joviale, freundschaftliche Stimmung sorgt. Links wird eine provisorische *dhaba* von vielen Menschen aufgesucht, die offenbar an einem kalten Wintertag von der Aussicht auf eine heiße *cuppa* angelockt werden. Oben werden behelfsmäßige Küchen in einem Hüttenlager zu sozialen Treffpunkten, wo die Leute, hauptsächlich Frauen, beim Duft vor sich hin köchelnder Gewürze stundenlang zusammensitzen und plaudern.

Wenn die sengende Hitze den ersten Tropfen des Monsuns weicht, erwacht das Land mit dem unvergleichlichen Geruch feuchter Erde, *mitti*, zum Leben. Dieses Odeur ist so begehrt und schwer fassbar, dass sogar ein *attar* mit Feuchte-Erde-Duft kreiert wurde. Doch nicht alle Gerüche, die der Monsun mit sich bringt, sind angenehm. Wegen des beständigen Regens kann Wäsche nicht an der Sonne trocknen, und ihre Restfeuchte sorgt für einen säuerlich-stickigen Geruch, der in der Regenzeit über allem schwebt.

Nicht alle Gerüche Indiens sind im herkömmlichen Sinn erfreulich. Abseits der geläufigen spirituellen Blumen- und Weihrauchdüfte gibt es ganz weltlichen und widerlichen Gestank von verbranntem Müll, von Vieh und Kuhmist und den chemischen Geruch von Insektiziden, mit denen ganze Viertel eingesprüht werden. Doch so unangenehm diese Odeurs auch sein können – sie gehören zum alltäglichen Leben und sind deshalb vertraut, normal und vielleicht sogar heimelig.

Oben und rechts: Mit seinen zahlreichen Flüssen und einer langen Küste ist Indien ein Paradies für Wassertiere. Und für die Menschen, die an den Ufern wohnen, gehören Fische und Meerestiere zur Lebensart. Die Fischmärkte der Küstenstädte – Kalkutta, Mumbai und Chennai – haben ein riesiges Angebot an Fischen, Garnelen, Krabben und Hummern. Die intensiven Gerüche dieser Märkte können Neulingen zu viel sein, aber für die Seafood liebenden Inder riechen sie einfach nach zu Hause.

Man findet schwerlich ein indisches Rezept, in dem nicht all die geläufigen Gewürze – Asant, Kreuzkümmel, Koriandersamen, Kurkuma, Safran und Pfeffer – verarbeitet sind. Sie verleihen den Gerichten nicht nur ihren speziellen Geschmack, sondern auch einen unvergesslichen Duft. Da die Gewürze in jede indische Küche gehören, werden die Gewürzhändler auch nie pleitegehen. Oben ist ein Gewürzladen auf Mumbais Bhuleshwar-Markt zu sehen.

RECHTS: Zwiebeln, Knoblauch und Ingwer sind beliebte Zutaten – ob in der Konkani- oder in der Kashmiri-Küche. Sie sorgen für eine subtile Schärfe und nicht ganz so subtile Düfte. Da Zwiebeln für die indische Küche so wichtig sind, erschallen alle paar Jahre auf dem Gemüsemarkt leidvolle Schreie, wenn der Zwiebelpreis wegen der Inflation mal wieder angehoben wird. Für das Bild posiert ein Arbeiter auf Kalkuttas Kolay-Markt mit Säcken voller Zwiebeln.

Kommen wir nun zu einer Zutat, die in der indischen Küche einen ganz besonderen Platz einnimmt und Nase wie Zunge zum Brennen bringt: die rote Chilischote. Ob frisch, getrocknet oder als Pulver sorgt sie in jedem Gericht für extra Farbe, Duft und Geschmack. Durch Chili bekommen *Desi*-Mahlzeiten ihre Schärfe. Hier legen Frauen rote Chilischoten zum Trocknen aus, die später zu Pulver verarbeitet werden.

Aufgrund der geografischen Unterschiede, was Bodenbeschaffenheit und Niederschläge angeht, gedeihen in Indien die verschiedensten exotischen Pflanzen. Neben dem Zylinderputzer-Strauch (hier im Bild) sind auch Jasmin, Ringelblume, Rosen und Lotos für Indien typische blühende Pflanzen. Ihre zarten Farben und Düfte sind eine Freude für die Sinne.

Von den Gärten von Assam und Tamil Nadu weht der Windhauch den Duft der Teeblätter in alle Häuser und in die Haare der Menschen. Interessant ist, dass bei der Qualitätsbestimmung des Tees der Geruch ein entscheidender Faktor ist. Ehe der Tester den Geschmack beurteilt, riecht er lange an einer Handvoll feuchter Blätter. Je intensiver sie duften, umso frischer ist der Tee.

HÖREN

MIT ÜBER EINER MILLIARDE EINWOHNERN UND 22 SPRACHEN GLEICHT INDIEN EINER KAKOFONIE AUS TÖNEN UND LÄRM. WER JEDOCH GENAU HINHÖRT, VERNIMMT EINE TEMPELGLOCKE, DEN GEBETSRUF DES MAULVI IN DER ABENDDÄMMERUNG. DEN SANFTEN KLANG EINER SITAR ODER DAS JUBELNDE DHOL-GETROMMEL EINES VORBEIZIEHENDEN HOCHZEITSZUGS. IM ZISCHEN BRUTZELNDER GEWÜRZE WIE IM GESCHREI DES GEMÜSEHÄNDLERS KANN MAN DIE STIMME INDIENS HÖREN. EINE MELODIE, DIE SO ALT IST WIE DIE ZEIT SELBST.

In Indien folgt das Leben einem eigenen Rhythmus, einer eigenen einzigartigen Melodie, einer erstaunlichen Sinfonie aus Geräuschen, die man nie vergessen kann.

Geräusche – so unüberhörbar wie der Gebetsruf, der morgens von der Moschee erschallt, oder das leise »tack«, wenn ein Cricketschläger den Ball trifft – weben einen bunten, unnachahmlich indischen Klangteppich. An einem typischen Tag in einer Stadt könnte man das Kichern des Lachyogaclubs hören, der sich regelmäßig im Park trifft, oder das Kreischen der spielenden Kinder, das Zischen von Gewürzen, die in heißem Öl gebrutzelt werden, das Geschrei des Gemüsehändlers, der aus voller Kehle seine Ware anpreist, den Klageruf des Koel oder das Klappern der Rollladen am Marktplatz, wenn sie von den Ladenbesitzern heruntergelassen werden. In Indien sind Geräusche Angriff und Besänftigung zugleich. Ein Leben ohne das urindische lärmende Durcheinander, das *shor-sharaba,* ist unvorstellbar.

***

Am Anfang war das Om.

Darin sind sich altes Wissen und moderne Wissenschaft einig: Das Universum besteht aus schwingender, pulsierender Energie, mit der wir täglich interagieren. Sie bildet die Basis des Lebens, und viele halten sie für die engste Verbindung zwischen den Menschen und der absoluten, metaphysischen Wahrheit. Mystiker und Heilige bemühen sich lange um einen Hauch dieser Energie, die wir dem Glauben zufolge als brummende, scheinbar elektrische Schwingung wahrnehmen. Diese heißt auf Sanskrit *anahata nada* oder »nicht angeschlagener Klang«. Sie ist der einzige unhörbare Ton des Universums, der Klang der Energie selbst.

Unsere Vorfahren glaubten, dass das hörbare Om dem »nicht angeschlagenen« Klang am nächsten kommt. Wenn man dem Om genau zuhört, wird man in die Stille hineingezogen. Beim Singen des Om erhält man eine Ahnung vom *anahata nada,* insbesondere wenn die letzten pulsierenden Schwingungen des »mmm…« langsam verklingen. Genau dann verschwimmen die Grenzen zwischen hörbarem Klang und kosmischer Stille. In diesem Moment der Stille, des Zuhörens, kann man angeblich die höchsten Ebenen der Wahrnehmung erreichen.

Om manifestiert sich in vielen Religionen des Subkontinents, sei es als *Ek Omkar* der Sikhs oder *Om Mani Padme Hum* der Buddhisten. Heute ist Om ein über die Welt verbreiteter Lebensstil. Selbst die legendären Beatles erwiesen der Macht des Om in ihrem Lied *Across the Universe* ihre Ehrerbietung, indem sie in den Text wiederholt *Jai Gurudeva Om* einfließen ließen. Om gilt als das ultimative Gebet und als die beste Art, den Segen des Universums zu erbitten. In der Katha Upanishad heißt es dazu: »Diese eine Silbe ist die höchste. Wer auch immer diese Silbe kennt, besitzt alles, was er ersehnt.«

Glaubt man unseren Vorfahren, muss man nur dem Klang des Om genau zuhören, um mit dem Universum eins zu werden.

***

Der Zauber des Hörens ist tief in unserem kollektiven Unterbewussten vergraben und spielt eine wichtige Rolle in unserer Mythologie. Shruti

Vorhergehende Doppelseite (124–125): In Indiens zahlreichen Ashrams gehören religiöse Sprechgesänge und Gesänge, *satsang*, zum täglichen Ablauf. *Satsang* bezeichnet eine Zusammenkunft von Menschen, die durch gemeinsames Zuhören, Sprechen und Sich-Versenken nach höherer Einsicht streben. Dies kann Stunden dauern, und bisweilen versetzt der rhythmische Sprechgesang Gläubige in religiöse Ekstase.

und Smriti sind zwei enorm wichtige Begriffe in den Texten und Lehren, die die hinduistische Philosophie zusammenfassen. Shruti, »das Gehörte«, bezeichnet das Lernen ohne Schöpfer und Lehrer; es ist ein Empfangen – ein »göttliches Empfangen der kosmischen Klänge der Wahrheit«. Diese himmlischen Klänge wurden dem Glauben zufolge von den Rishis, den alten Weisen, gehört und in eine Form übersetzt, die von anderen verstanden werden konnte. Ein bedeutender Aspekt des Shruti sind die vier Veden: Rig, Yajur, Sama und Atharva.

Das Zuhören ist ein wichtiges Element des Shruti: Zum einen »lauschten« die Rishi den göttlichen Klängen, zum anderen konnte das so offenbarte Wissen an andere weitergegeben werden. In den altindischen Gurukula lernten die angehenden Priester die Veden auswendig, indem sie an Massenrezitationen und -sprechgesängen teilnahmen. Auf diese Weise wurde das Wissen erhalten und an die nächste Priestergeneration weitergegeben. Durch die zahllosen Rezitationen verwandelte sich Shruti langsam in Smriti, in »erinnertes Wissen«.

Viele der späteren Hindu-Epen, auch das Ramayana und das Mahabharata, gehören zum Umfeld des Smriti. Geschichtenerzähler erzählten, rezitierten oder sangen die Heldengeschichten vor einem faszinierten Publikum. Auch Guru Nanak, Gautam Buddha, Mahavira und andere indische spirituelle Größen teilten ihr Wissen und ihre Erfahrungen mithilfe von Gesängen, Liedern und Predigten. Erst sehr viel später wurden die Lehren zu Papier gebracht und zu den heiligen Schriften zusammengetragen. Heute sind heilige Bücher in jeder zweiten Buchhandlung erhältlich – doch können sie nicht die Freude ersetzen, die man verspürt, bei einer Zusammenkunft gemeinsam eine religiöse *katha* zu hören. Wenn beispielsweise eine Hindu-Familie zu Hause ein Ramayana-*paath* veranstaltet, kommt die ganze Nachbarschaft zusammen, um zuzuhören, wie der Priester das Epos vorliest und rezitiert. Das Zuhören ist wie eh und je eine grundlegende gemeinschaftliche Erfahrung.

***

Das Konzept und die Tradition des Lernens durch Zuhören spielten ebenso eine bedeutende Rolle im Ursprung und in der Entwicklung der indischen Musik. Lieder und Melodien alter klassischer und Volksmusik wurden auswendig gelernt, und die nächste Schülergeneration lernte sie durch Zuhören. Die Ursprünge der indischen Musik finden sich in den Hymnen der Veden; im Lauf der Zeit entstanden jedoch verschiedene Musikstile.

Im Norden entwickelte sich die klassische Hindustani-Musik aus Volksmusiktraditionen sowie persischen und islamischen Einflüssen. Ihre Themen sind typischerweise weltlich, es geht um Liebe, Romanzen und den Wechsel der Jahreszeiten. Die im südlichen Indien beliebte karnatische Musik ist rhythmischer, ihre Themen sind meist frommer Natur. Ihre Komponisten sind berühmt für ihre *krithis* zu Ehren bestimmter Hindugötter und -göttinnen.

Beide Musikstile weisen jedoch viele Gemeinsamkeiten auf. Beispielsweise sind beide hauptsächlich einstimmig: Sie folgen einer Melodie mit einer feststehenden Tonskala und bilden so einen Raga.

Die bei beiden Musikstilen verwendeten Instrumente sind vergleichbar, erzeugen jedoch charakteristische reiche Klänge. Der Hindustani-Sänger singt zur Begleitung einer Sarod, Sitar oder Vina – allesamt Saiteninstrumente. Als Schlaginstrumente benutzen Hindustani-Musiker in der Regel gerne die Pakhawaj oder die Tabla. Karnatische Sänger werden dagegen von einer Vina oder Violine begleitet, ihre bevorzugten Schlaginstrumente sind die Ghatam, Mridangam und die Kanjira. Die Shehnai, ein Holzblasinstrument mit einem Schalltrichter, ist ein populäres Instrument der Hindustani-Musik.

Indische Volksmusik war anfänglich religiös orientiert, behandelt jetzt jedoch das gesamte Spektrum menschlicher Erfahrungen. Viele Barden haben zu diesem Genre einen großen Beitrag geleistet, darunter Kabir, Moinuddin Chishti und Lalon Fakir. Unterschiedliche regionale Sprachen bringen unterschiedliche Volksmusik hervor: Lavani ist ein bekannter Musikstil aus Maharashtra, Baul stammt aus Bengalen, und weltberühmt ist der Bhangra aus dem Bundesstaat Punjab. Zeitgenössische Filmmusiker wie Amit Trivedi und der Oscar-Preisträger A. R. Rahman schaffen derzeit ein neues Genre, indem sie indische Volks- und klassische Musik mit moderner westlicher Musik kombinieren. Indische Musik, insbesondere die Volksmusik, findet mittlerweile auch den Weg in die Mixes internationaler DJs.

In der modernen Musikwelt boomt die klassische indische Musik mit Interpreten wie Pandit Ravi Shankar, Amjad Ali Khan, Zakir Hussain, Sikkil Gurucharan, O. S. Thyagarajan und vielen anderen. Festivals mit klassischer Musik, z. B. im Dezember das alljährliche Musik- und Tanzfest in Chennai, haben in den letzten Jahren enormes Interesse erregt. In Sachen westlicher Musik geben sich die nordöstlichen Staaten Indiens rockiger. Auch verschiedene internationale Bands treten dort gerne auf. In den letzten 20 Jahren hat Indiens Rockszene hochtalentierte Bands wie Avial, Raghu Dixit Project, Indian Ocean und Pentagram hervorgebracht, um nur ein paar zu nennen.

Für anspruchsvolle Zuhörer ist dies wohl eine der aufregendsten Zeiten in der Geschichte der modernen indischen Musik.

***

Assoziiert man eine Region mit ihren Geräuschen, ist die Sprache einer der deutlichsten und wichtigsten Aspekte. Laut dem People's Linguistic Survey von 2013 gibt es in Indien 780 Sprachen, zu denen wiederum eine Unzahl von Dialekten und eine eigene Phonetik gehören. Ein aufmerksamer Zuhörer erkennt die regionalen Nuancen nicht nur durch die Sprache, sondern auch durch die für jeden sprachlichen Ausdruck charakteristischen Flexionen und Satzmelodien.

Einige der ältesten indischen Sprachen sollen über 70 000 Jahre alt sein und sich zu den frühen Auswanderern aus Afrika verbinden lassen. Weitverbreitete Sprachen wie Tamil und Hindi konkurrieren seit jeher darum, zu Indiens »Nationalsprache« erklärt zu werden. In der indischen Verfassung sind jedoch alle Sprachen gleich.

Aufgrund unserer Kolonialgeschichte und unserer derzeitigen rapiden wirtschaftlichen Liberalisierung und Urbanisierung ist Englisch zur Sprache des sozialen Aufstiegs geworden. Es ist die

Sprache der Elite, weshalb sich in Englischkursen jene sammeln, die ihre Lage verbessern möchten. Da zudem Menschen in Strömen vom Land in die Städte drängen, werden »universelle« Sprachen wie Hindi immer wichtiger. Manche Lehrer versprechen ihren Schützlingen sogar, ihnen das perfekte amerikanische Näseln beizubringen. Dies alles bewirkt jedoch, dass Indiens reicher Schatz an Sprachen schrumpft. Studien zufolge hat es in den letzten Jahren über 250 Sprachen verloren.

Majhi, ein Sprache in Sikkim, wird nur noch von vier Menschen gesprochen. Bora Senior und Boro waren die letzten Sprecher der alten Andamanen-Sprachen Khora und Bo. Mit dem steten Aussterben von Sprachen verliert Indien auch Teile seines Kulturerbes, da jede Sprache eine typische Art des Denkens, Seins und Lebens beinhaltet. Anvita Abbi, Professorin an der Jawaharlal Nehru University und Expertin für die Sprachen der Andamanen-Inseln, gibt ein wunderbares Beispiel, wie kulturelles Wissen verarmt, wenn eine Sprache verschwindet. »Ein Wort der verschwundenen Sprachen auf den Andamanen war ›ain‹. Boa (die letzte Sprecherin) erzählte mir, dass es die kleinen Büsche an der Küste bezeichnet ... Sie sagte, wenn man ›ain‹-Blätter zerstampft und ins Wasser gibt, treiben die vergifteten Fische nach oben und können leichter gefangen werden.« Ein Wort, eine tote Sprache und Wissen, das für Generationen von Fischern bedeutsam sein könnte.

***

Das heutige Indien gehört immer noch zu den geräuschreichsten Orten der Welt. Sobald man an irgendeinem indischen Flughafen ankommt und den Terminal verlässt, findet man sich im Lärm und Geschrei der Stadt wieder: hupende und brummende Autos, muhende Kühe an Kreuzungen, laute Gespräche von Fußgängern, das *dik-tschik* eines Autoradios und das *halla-gulla* eines vorbeiziehenden Hochzeitszuges – alles typisches, überwältigendes Indien. Gleiches gilt für die weniger auffälligen Geräusche wie das Rufen eines Pfaus, die klimpernden Armreifen einer Dorfschönen, das Trompeten eines Elefanten in Kerala und der zischende Dampfkochtopf des Nachbarn. Und nicht zu vergessen: der nicht so süße Lärm der Baustellen, der heute in den meisten indischen Städten den Ton angibt!

In jeder indischen Metropole erlebt man derzeit, wie Straßen und U-Bahnen gebaut, Hochstraßen und Siedlungen mit merkwürdigen Pseudo-Hollywood-Namen geplant werden. Die Baustellengeräusche haben dem Lärm eine neue Dimension hinzugefügt: das Jaulen der Bohrer, das Rumpeln der Betonmischer, das Klirren von Metall auf Stein, das Brummen der Kräne, das unaufhörliche Hupen der Autos im Stau und das schrille Pfeifen der Polizisten, die inmitten dieses Chaos den Verkehr zum Laufen zu bringen versuchen. Mit Spannung warten die Menschen darauf, dass ihre Städte Weltklasse werden.

Oder vielleicht auf den magischen Moment, wenn sich der unablässige Bau- und Verkehrslärm zu einem weißen Rauschen verdichtet.

Der friedliche Idealzustand existiert noch irgendwo halb versteckt hinter Betonmischern. Und wie schon unsere Vorfahren sagten, kommt es darauf an, wie sehr man bereit ist zuzuhören.

Beim abendlichen *aarti* verdichten sich die Handlungen im Tempel zu einer unvergesslichen Lärmkulisse aus Glockenklängen, dem Singen heiliger Mantras und dem freudigen Flüstern der gebannten Besucher. Die abendlichen *aarti*s an den *ghat*s des Ganges in Benares sind Spektakel für die Augen und Ohren, die Touristen und Gläubige aus aller Welt anlocken.

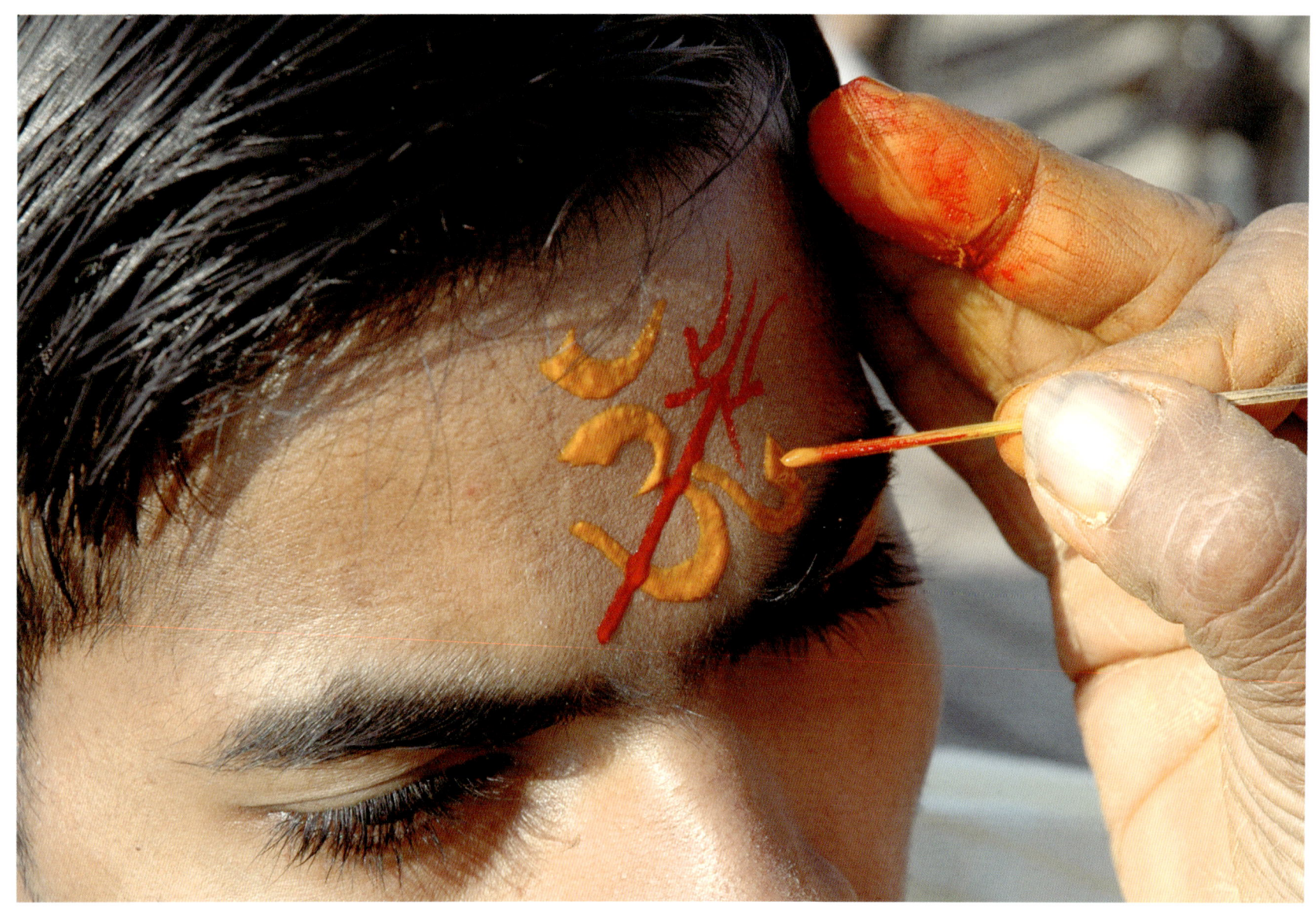

Unter den spirituellen Klängen Indiens hat das Om besondere Bedeutung. In der hinduistischen Mythologie gilt es als der Anfang von allem und als einziger irdischer Klang, der den tiefsten Schwingungen des Universums nahekommt.

Die heiligen Mantras des Hinduismus sind jeweils einer Gottheit zugeschrieben und haben dem Glauben zufolge unbeschreibliche spirituelle Kräfte. Das Rezitieren bestimmter Mantras kann den Menschen mit kosmischen Schwingungen verbinden und negative Energien transformieren.

Das Klingeln einer Glocke, sei es in einem Tempel, einer Kirche oder einem Kloster, hat große spirituelle Bedeutung. Durch den Klang bittet man die Gottheit, ein Gebet zu erhören.

Glocken für Tempel und Klöster werden sorgfältig entworfen und so gestaltet, dass die süßesten, freudigsten Klänge ertönen. Manche Glocken können sogar das lang gedehnte Om erklingen lassen.

LINKS UND OBEN: Die gefühlvollen Melodien der Sufi-Musik und des Qawwali-Gesangs stellen die Grenzen zwischen dem Heiligen und Profanen infrage. Die Texte preisen die höhere Macht, doch die Freude der Zuhörer ist zugleich irdisch und metaphysisch. Trotz ihrer spirituellen Inhalte ist es eine gemeinschaftliche Aktivität, den Qawwali-Aufführungen zuzuhören.

Die Flöte oder Bansuri ist das Symbol für Krishna. Das Blasinstrument kommt in der Hindustani-, der karnatischen und der Volksmusik zum Einsatz. Im Hintergrund sieht man verschiedene indische Saiteninstrumente, darunter Sitar, Sarangi, Sarod und Iktara.

Musikinstrumente gelten als Domäne der Göttin Saraswati. Nach ihr sind nicht wenige Musikläden benannt – auch der hier abgebildete. Hinter dem Harmonium sind Trommeln in den Wandregalen verstaut.

Indiens beliebte Volkstänze würde man ohne ihre typische Begleitmusik nicht erkennen. Der bengalische Chau-Tanz (links) erfordert als Begleitung verschiedene Schlaginstrumente, so die zylindrische *DHOL*, die Kesseltrommel *DHUMSA*, die *KHARKA* und die *CHAD-CHADI*. Die stampfenden Trommelschläge passen perfekt zu den martialischen, aggressiven Bewegungen. Die Musik ergänzt bei vielen Volkstänzen die Stimmung und die Bewegungen. Der berühmte Kalbelia-Tanz Rajasthans wird von den ehemaligen Kalbelia-Schlangenbeschwörern mit sinnlichen schlangenartigen Bewegungen zum Klang einer Bin ausgeführt. In Goas pulsierendem energetischem Taranga Mel wehen die Tänzer mit bunten Fahnen zu den Schlägen von Dhol und Romut und skandieren dazu »Ho Ho«.

Lebt die Emotion des Tanzes ohne die Musik weiter? Unwahrscheinlich. Die Kunst, diese Instrumente zu spielen, ist genauso wichtig wie der dazu aufgeführte Tanz.

OBEN UND RECHTS: Indiens Volksmusiktraditionen sind reich und vielfältig, und doch besitzen sie ein gemeinsames Urelement – eine Seele –, das die Bansuri Mathuras und die Iktaras der Baul miteinander verbindet. Der abgebildete Kamelhirte spielt die in Rajasthan populäre Ravanhatta. Der Dorfbewohner auf der gegenüberliegenden Seite streicht die Sarangi, deren Klang wie kein anderes Instrument der menschlichen Stimme gleicht.

OBEN UND RECHTS: In keinem Wanderzirkus und auf keinem Dorfjahrmarkt können der Lärm und das Gewirr der menschlichen Stimmen die kreischenden Stimmen der Papageien übertönen, die in der Regel zur Unterhaltung dienen, sei es durch Nachahmen (oben) oder durch Wahrsagerei (rechts). Viele Umwelt- und Tierschutzorganisationen kritisieren heute die uralten Bräuche, für die die Vögel in Käfigen eingesperrt werden.

Typisch indisch sind die uniformierten *baraat*-Kapellen, die die lebhafte Hintergrundmusik der Hochzeitsumzüge liefern. Die Nachfrage nach den exzellenten Musikern erreicht ihren Höhepunkt während der Hochzeitssaison. Interessanterweise spielen sie populäre Hindi-Filmmusik mit westlichen Instrumenten.

Bei *Baraat*-Umzügen, Geburtszeremonien, Gebetsritualen und Gemeindefesten sind die Volksmusiker nicht zu überhören. Die fröhliche Feststimmung schwappt oft auf die Straße über, wo die ganze Nachbarschaft zur Musik tanzt und mitfeiert. Und wie es nun einmal in Indien üblich ist, gehört zum Spaß der typische ekstatische Soundtrack.

Klassische indische karnatische oder Hindustani-Musik wird von Jung und Alt geliebt. Zu Konzerten von berühmten Musikern und Sängern (hier Begum Parveen Sultana) zieht es das Publikum in Scharen. Zu Chennais Musikfest im Dezember strömen klassische Musiker und Fans zu den *sabha*s und Konzertsälen der Stadt, um ihre Lieblingskünstler zu hören.

Die indische Filmindustrie spielt eine bedeutende Rolle in der zeitgenössischen indischen Musikszene. In ihren Anfängen blieben die Musiker und Sänger den uralten Klassikern und Volkstraditionen treu. Heute profilieren sich moderne Komponisten wie der Oscar-Preisträger A.R. Rahman (oben) international, indem sie feinfühlig klassische Traditionen mit westlichen Einflüssen verbinden.

Oben und rechts: Lässt man Tempel, Moscheen, musikalische Gharanas (musikalische Schulen) und andere Träger traditioneller indischer Kultur außer Acht, fühlt man den starken Einfluss des Westens. Moderne Formen der elektronischen Musik, die in Europa Erfolge feiern, erobern auch die indischen Städte. Indische DJs werden für ihre EDM Compilations (»electronic dance music«) mit Preisen ausgezeichnet, und auf dem Sunburn und anderen bekannten Festivals treten Trance, Electronica und Psy DJs aus der ganzen Welt auf. Unter den jungen Stadtbewohnern finden diese Musikstile viele Anhänger.

Viele große indische Musiker haben die richtigen Töne angeschlagen und indische Musik in allen Ecken der Welt bekannt gemacht. Der international gefeierte Flötist Pandit Hariprasad Chaurasia (oben) hat zusammen mit Jazzkünstlern gespielt, sich in Volks- und Filmmusik versucht und wurde mit dem Ordre des Arts et Lettres (Frankreich, 2008) ausgezeichnet. Wie Pandit Shivkumar Sharma profilierte er sich als Komponist indischer Filmmusik.

Ein weiterer bedeutender Botschafter der klassischen indischen Traditionen ist Pandit Birju Maharaj. Der Guru des Kathak ist ein berühmter Tänzer und erweiterte die Bandbreite der klassischen indischen Musik. Er ist eine Autorität der Hindustani-Musik und zudem ein großartiger Sänger. Er komponierte und sang für Satyajit Rays *Shatranj ke Khiladi* und choreografierte ein Lied für Sanjay Leela Bhansalis moderne Adaption von *Devdas – Flammen unserer Liebe*.

Klassische indische Tänze werden von Musik begleitet, aber auch die Tänzer selbst machen sehr häufig ihre eigene Musik. Das exakte Klingeln der *Ghungru*-Fußglöckchen ist ein wichtiges Element jeder Aufführung. Der Tag, an dem eine Bharatanatyam-Tänzerin ihr erstes *Ghungru*-Paar erhält, wird *shalangai* genannt und als wichtiger Übergangsritus gefeiert.

Bharatanatyam, Odissi, Kathak, Kathakali und die unzähligen anderen klassischen Tanzstile unterscheiden sich zwar in Form und Inhalt, erfordern jedoch alle eine sie begleitende Musik. So, wie die dargestellten Geschichten von den Sängern gesungen werden, stellen die Tänzer das Geschehen mit ihren Körpern dar.

Links und rechts: Indische Cricketanhänger können in ihrer leidenschaftlichen Hingabe selbst europäische Fußballfans in den Schatten stellen. Vom ohrenbetäubenden Jubel in den Stadien bis zu den krakeelenden Siegesfeiern in den Straßen bieten Cricketspiele in Indien ein unvergleichliches Lärmchaos. Die Bilder zeigen ausgelassene Fans, die lautstark in den Straßen feiern. Bis in die frühen Morgenstunden können die Siegesgesänge erschallen und Feuerwerkskörper krachen.

Wie ganz Indien bieten auch Agras *gullies*, die Gassen der Stadt, eine erstaunliche Mischung aus sakral und profan. Deren spezifischer Klang ergibt sich aus dem Geräusch, wenn Hämmer Ton zerschlagen, und dem Jaulen der Bohrer, die sich in Marmor fressen: weltliche, von Menschen gemachte Geräusche, die entstehen, wenn Bilder der Unsterblichen erschaffen werden.

SCHMECKEN

INDISCHE AROMEN SIND SEIT JAHRHUNDERTEN HEISS BEGEHRT, UND HINTER DEN EUROPÄISCHEN »ENTDECKUNGSREISEN« STAND URSPRÜNGLICH DIE SUCHE NACH INDISCHEN GEWÜRZEN. IN INDIEN ERFÜLLEN NAHRUNG UND GESCHMACK WEIT MEHR ALS EIN GRUNDBEDÜRFNIS: GESCHMACK IST EMOTION UND NAHRUNG EIN SEGEN. DIE GÖTTIN DES ESSENS, ANNAPURNA, WIRD IM GANZEN LAND VEREHRT. DIE SPEISEN AUF DEM TELLER ZU MISSACHTEN ODER ZU VERSCHWENDEN, IST EIN SAKRILEG.

Einige von Indiens jahrhundertealten Traditionen haben die Zeit überdauert, eine davon kann man im Dargah Ajmer Sharif erleben. Der mitten im Wüstenstaat Rajasthan gelegene Dargah ist ein Schrein für den Sufi-Heiligen Moinnudin Chishti. Jeden Abend wird auf dem Schreingelände in riesigen Kesseln köstlich aromatischer Reis gekocht. Mit Ghee, Safran, Nüssen und Zucker vermischt, wird dieser sogenannte Niaz an die Gläubigen und Bedürftigen ausgegeben. Die hiesige Gemeindeküche blickt auf eine beeindruckende Geschichte zurück: Akbar, der größte der Mogulherrscher und selbst ein Glaubensbruder, begründete ihre Tradition. Zusammen mit seinem Sohn Jehangir installierte er die gigantischen, *degh* genannten Kessel. Diese waren so riesig, dass sie nur mithilfe einer langen Leiter gesäubert werden konnten.

Als die Macht der Moguln langsam schwand, unterstand die Stadt in der Folge den Marathen, Rajputen und sogar den Briten. Und obwohl die verschiedenen Herrscher nicht demselben Glauben angehörten, sah sich keiner von ihnen bemüßigt, die heilige Tradition des Niaz zu unterbinden – im Gegenteil: Die Hindu-Herrscher, erfüllt vom Geist der Liebe und Brüderlichkeit, bereicherten den Niaz mit den von ihnen verwendeten Zutaten. So wurde daraus Kesaria Bhat, süßer Niaz mit Safran.

Im Lauf von Jahrhunderten saßen Reich und Arm, Jung und Alt, Hindu und Muslim zusammen, um den heiligen Niaz zu essen. Ähnliche Gemeindeküchen verrichten ihre Dienste in Gurudwaras, Moscheen, Tempeln und Kirchen. Sie stehen allen Menschen offen, unabhängig von deren Religion, Klasse, Kaste oder Überzeugung. In einem durch Glauben und soziale Schranken gespaltenem Land bringt das Essen die Menschen in Frieden zusammen – und zwar nicht nur an Stätten der Andacht und Gottesverehrung. Würde beispielsweise ein Hindu ein Prasad, das er aus Haridwar mitgebracht hat, anbieten, würde niemand, sei er nun Muslim, Sikh oder Christ, im Traum daran denken, diese gesegnete Opferspeise abzulehnen. Vielmehr würden sie alle in einem spontanen Pranam als Akt der Ehrerbietung vor dem Essen ihre Stirn mit dem Prasad berühren.

Religion, Sprache, Kaste und wirtschaftliche Unterschiede spalten Indien, seine Speisen, Aromen und deren Verbindung zum Göttlichen wirken als einigende Bande. In Indien kann Essen Fremde in Brüder verwandeln.

***

Jeder Teil des Landes besitzt seine charakteristischen Aromen, kulinarischen Techniken und Traditionen. Wer Gewürze liebt, für den steht Kaschmirs Küche ganz oben auf der Liste der Favoriten, wer einen Hang zum Süßen hat, kann von bengalischen *rasgulla* nicht genug bekommen. Fleischliebhaber aus aller Welt schmachten nach den Kebabs, die bei Delhis »Freitagsmoschee« Jama Masjid verkauft werden, und hartgesottene Seafood-Fans lieben Goas Masala Garnelen. Indiens Küchen übernehmen das Beste aus anderen kulinarischen Kulturen, ohne dabei ihre eigenen Identität zu verlieren. Hinsichtlich des breiten Spektrums haben indische Feinschmecker die wohl verwöhntesten Gaumen. Von den zarten Aromen des Biriyani von Hyderabads Charminar zu den scharfen Momos von Sikkim, vom würzigem *elaichi* Chai zum sauren sommerlichen *aam panna* hat Indiens Küche einfach alles zu bieten!

Das Wichtigste, das man über Indiens Küche wissen muss, ist, dass es nicht »die indische Küche« gibt. Indien besitzt eine unglaublich vielfältige Geografie – Klima, Vegetation und Boden ändern sich ungefähr alle 500

Vorhergehende Doppelseite (160-161): Ein Tempelpriester verteilt Prasad an die versammelten Gläubigen. Als Prasad, »essbarer Segen«, werden die gesegneten Opferspeisen an die Götter bezeichnet, die bei Gebetsende in Tempeln, Moscheen und Gurudwaras verteilt werden. Prasad gibt es u. a. in Form von Puffreis, Kokosnüssen, Zuckerbällchen, getrockneten Äpfeln oder Palmzucker.

Meilen. Lebensmittel aus dem regenreichen, vom Meer durchdrungenen Kerala unterscheiden sich erheblich von dem robusten Gemüse und Getreide, das im Wüstengebiet der Thar angebaut werden kann, und Kaschmirs Wazwan-Gerichte haben nur wenig mit den *thayirsadam* von Kanyakumari gemein.

Aber auch die Geschichte hat erheblich zur Entwicklung von Indiens Speisen und Aromen beigetragen. Durch die zahllosen Fremdherrscher, die in Indien eindrangen, entstand ein köstliche Kulturgemenge. Griechische, arabische und römische Händler brachten Safran und andere Gewürze. Arabische Händler führten den Kaffee ein und prägten mit der Moppilah-Küche Keralas kulinarische Tradition. Danach brachten persische Zoarastrer Dhansak und vielleicht auch Biriyani, die Herrscher des Sultanats von Delhi türkische und afghanische Speisen mit Fleisch, Trockenfrüchten und Pilaf. Den Moguln ist die Idee einer gehobenen Küche und natürlich der Kebab zu verdanken. Tomaten, Chilis, raffinierten Zucker und Kartoffeln brachten wohl die Portugiesen, die Afghanen den Tandoor-Ofen und die Briten Indiens Lebensblut: Chai am Morgen!

Aber wo begann das indische Essen? Seinen Uranfang kann man bis zu den Speisen der Industalkultur zurückverfolgen. Die ersten Inder aßen Reis, Gemüse, Kichererbsen und Fleisch. Als die (halb-) nomadischen Arier hinzukamen, wurden zudem Weizen und Gerste angebaut. Der Speiseplan war einfach und im besten Fall gesund. Die raffinierte, würzige indische Küche, die wir heute kennen, nahm ihren Anfang erst in der vedischen Ära.

***

In vedischer Zeit entwickelte sich auch die Idee des Vegetarismus. Als die Arier zu einer rein agrarischen Lebensweise übergingen, gewannen Viehzucht und Milchwirtschaft an Bedeutung, und der Verkauf von Eiern, Wolle, Kuhdung, Milch und Molkereiprodukten erwies sich als sehr rentabel. Das Schlachten eines Tieres wegen seines Fleisches kam dagegen teuer, versiegte damit doch eine exzellente Einkommensquelle.

Schon bald wurde die Praxis dieses Lebensstils zum religiösen Gebot. In alten Schriften wie Patanjalis Yoga Sutra werden Fleisch und Fisch als »schädlich« bezeichnet. Yogis verkündeten, dass beim Töten eines Tieres dessen Todesangst in sämtliche Zellen dringe und bestimmte »Fight-or-Flight«-Hormone freisetze, die damit auch im Fleisch vorhanden seien – und dessen Verzehr somit ungesund sei. Spirituelle Führer wie Gautama Buddha und Mahavira unterstützten den Vegetarismus als erfolgreichen Weg, ein Leben der Gewaltlosigkeit oder *ahimsa* zu leben

Dies bedeutete jedoch nicht, dass der Fleischverzehr ganz aufhörte. Im Süden und an den Küsten werden Fleisch und Fisch von fast allen gegessen, auch von vielen Hindus insbesondere der niederen Kasten. Tatsächlich sind indische Seafood-Gerichte auf der ganzen Welt beliebt. Sikhs sehen Fleisch als Grundnahrungsmittel, und in vielen Haushalten in Lucknow, Mangalore oder Amritsa gehört Fleisch fast zu jeder Mahlzeit. Fleisch und Gemüse werden obendrein in allen Teilen des Landes zu köstlichen Gerichten kombiniert.

***

Die Liebe zu indischen Aromen – würzig, süß und scharf – ist kein neues Phänomen. Bereits um 3000 v. Chr. erlebte die Welt erstmals

den Geschmack Kardamoms, schwarzen Pfeffers, Nelken und anderen indischschen Gewürzen. Später verliehen sie Europas Speisen ein exotisches Element und die Welt begann nach diesem Geschmack zu gieren. Es entwickelte sich ein weltweiter Gewürzhandel, an dem Indien als wichtiger oder sogar als wichtigster Gewürzexporteur teilnahm.

Zu jener Zeit war der Gewürzhandel der größte Wirtschaftszweig auf dem Globus. Er war verantwortlich für den Aufstieg und Untergang großer Reiche und die Triebfeder für die »Entdeckung« neuer Welten. Anfänglich verliefen seine Routen noch über die Seidenstraße, die Indien und Asien mit Nordafrika, Europa und Arabien verband. Herrscher und Kulturen kämpften endlos um die Macht über die Gewürzroute. Für eine kurze Zeit kontrollierte das römische Reich – mit seinem Handelszentrum Alexandria – den Handel auf der Strecke. Nach Übersee versetzte römische Soldaten wurden häufig mit Salz (das vielleicht an der Malabar-Küste gewonnen wurde) bezahlt, und noch heute ist jemand, der im Englischen sein »Salz wert« ist, sein Geld wert.

Ab Mitte des 13. Jahrhunderts kontrollierte Venedig den Gewürzhandel und begann hohe Zölle zu verlangen. Dies brachte Portugal und andere europäische Staaten in die Klemme. Ohne direkten Kontakt mit den Exportländern mussten sie die überhöhten Forderungen an die Herrscher über die Gewürzstraße bezahlen. Damals begann das »Zeitalter der Entdeckungen«. Der Portugiese Vasco da Gama brachte den direkten Seeweg zu Indiens Westküste in Erfahrung und konnte nun mit den indischen Gewürzproduzenten Handel treiben. Nach ihm kamen französische und britische Händler – und ziemlich schnell fand sich Indien unter der kolonialen Herrschaft imperialer Mächte wieder, die anfänglich ganz harmlos gekommen waren, um auch eine Prise der indischen Gewürzaromen zu ergattern!

***

Indiens Speisen und Aromen waren schon immer ein kulinarisches Wunder, was man von seinen Restaurants jedoch nicht behaupten kann. Gute Mahlzeiten und hervorragenden Service gab es einst nur in Clubs und Fünf-Sterne-Hotels, die nur für wenige zugänglich waren. Mit der Liberalisierung der letzten 20 Jahre hat sich auch die Gastrokultur rapide verändert. Weitgereiste ehrgeizige Unternehmer, die das beschränkte Angebot in den indischen Metropolen nervte, gründeten schicke Restaurants mit internationaler und Fusionsküche. In diesen exklusiven und ambitionierten Lokalen konnten alle mit dem nötigen Kleingeld zur Tandoori foie gras ein Glas Sangria genießen.

Doch noble Gastroszene hin oder her, seine eigenen Aromen kann Indien nicht hinter sich lassen. Egal, welche Stadt auch immer man an einem Samstagabend besucht, immer wird man auf Partyvolk stoßen, das – nachdem es beste Weine und vor Käse strotzende Pizza in den glamourösesten Restaurants verputzt hat – sich für das »einzig Wahre« in eine *thela* oder zu einem Straßenstand aufmacht: einen Teller scharfer Momos oder *sev puri*. Eine Straßenständetour längs und quer durch Indien steht hoch auf der Liste ernsthafter Feinschmecker. Solche Touren durch Städte wie Amritsar, Banaras, Hyderabad und New Delhi werden bei Touristen aus aller Welt immer beliebter...!

Von Punjabs knusprigen Parathas – großzügig mit Kartoffeln gefüllt und mit weißer Butter bestrichen – über Lucknows köstlich gewürzte Galouti Kebabs bis zu Kolkatas Kathi Rolls kann man in den Straßen Indiens eine einmalige Küche genießen. Und wer könnte Hyderabads scharfes Biriyani, das Tamatar Chaat in Benares, Tamil Nadus Masala Dos oder Kochis gebratenen Fisch vergessen? Indiens Straßenküche ist vielfältig, bunt und unterhaltsam! Man wird wohl kaum einen *desi* finden, der noch nie abends einen Teller würzige Bhel Puri mit reichlich Zwiebeln und grünem Chili und danach ein kühles linderndes Kulfi genossen hat.

Jede Jahreszeit bringt ihre eigene Straßenküche hervor. Zu den ersten Monsunschauern gehört der Duft von Zwiebelpakoras, die an jeder Straßenecke brutzeln, und des Chai, der in schier endlosen Strömen gekocht wird. Im Winter wabert der Geruch von *halwa* aus den Süßwarenläden, im Sommer brummt das Geschäft mit frischen Fruchtsäften und Banta-Limonaden. Im Ramadan werden die Kebabständen bei den Moscheen zum abendlichen Fastenbrechen belagert. Jede Stadt hat ihren »weltberühmten« Anbieter: Von Chennais Murugan Idli gibt es sogar in Singapur Filialen, und der Inbegriff eines »indischen Sonntagserlebnisses« ist ein Teller Chaat an Mumbais Chowpatty Beach. Selbst Sterneköche eröffnen mittlerweile Restaurants in Indien, doch nichts kommt dem Genuss der vielfältigen, gebratenen Kalorienbomben von den Ständen in der Parathewali Gali auf dem Chandni Chowk gleich. Selbst die hochnäsigsten europhilen Inder können einem guten *papri-chaat* vom Straßenstand nicht widerstehen.

***

In Indien dreht sich beim Essen nicht alles nur um den Geschmack, nicht nur um das kurze Kitzeln der Geschmacksnerven und nicht nur darum, wie es den knurrenden Magen füllt. Essen ist ein Gefühl und spielt eine wichtige Rolle, um Emotionen auszudrücken. Inder sind extrem gastfreundlich und lieben es, zu verköstigen und verköstigt zu werden – einen Nachschlag auszuschlagen, wird oft als Sakrileg empfunden! Rezepte werden über Jahre gesammelt und als streng gehütetes Geheimnis von Generation zu Generation weitergereicht. Danach gefragt, werden die Wenigsten eine geheime Zutat verraten, die sie von ihrer Urgroßmutter gelernt haben.

Inder verbinden bedeutende Meilensteine im Lebenslauf und Übergangsriten mit Essen: Es ist reine Liebe, wenn eine Schwangere Unmengen von vor Ghee strotzenden Mithai verputzt, damit ihr Baby genauso süß und gesund wird. Es ist aufregend, wenn ein Neugeborenes an seiner ersten – stets süßen – Nahrung leckt. Es liegt pure Freude in der Luft, wenn das Nachbarskind ein hervorragendes Examen ablegt und seine beglückte Mutter von Tür zu Tür geht und allen und jedem Ladoos anbietet. Zur Jugend gehören berauschende Bhang-Getränke beim Frühlingsfest Holi, zum Festtagsgefühl ein dampfender Teller *halwa-puri* am letzten Tag der Navratris. Hoffnung verkörpern die Schachteln mit silbrigen *kaju barfi*, die mit jeder Hochzeitskarte ankommen – und Trauer wird ausgedrückt, wenn beim Verlust eines geliebten Menschen *shradda* in Form von Nahrung verteilt wird. Gute Laune ist gleichbedeutend mit dem Duft frischer, in heißem Öl frittierter *jalebis*, der einem aus einem *halwai*-Laden in die Nase sticht, sodass man innehält, um den Moment zu genießen – und natürlich auch die *jalebis*.

So wichtig wie das Prasad, das sie am Ende des Gebets erhalten, ist für die Gläubigen das Speiseopfer, mit dem sie den Göttern ihre Verehrung ausdrücken. Beliebte Opferspeisen, die sie den Göttern darbieten, sind unter anderem Kokosnüsse, Bananen, Reis, Laddoos und Milch. Die Art des Opfers hängt von dem Gott ab, dem es dargebracht wird. In Shiva-Tempeln wird mit Vorliebe Milch dargeboten, bei der Ganesh Puja opfert man dagegen dem Gott Ganesh eine besondere Süssigkeit namens Modak. Jeder Gott des indischen Pantheons hat seine Lieblingsspeise, und man unternimmt grosse Anstrengungen, jedem genau diese darzubringen. Auf dem Foto nehmen Priester die Reisopfer von gläubigen Tempelbesuchern entgegen. In manchen Tempeln werden mit den Speiseopfern der Gläubigen Bedürftige versorgt.

Der Tee wurde in Indien von den Briten eingeführt. Im Lauf der Zeit hat sich das mit der Kolonialzeit verbundene, ausgesprochen westliche Getränk in einen einzigartigen indischen Genuss verwandelt Das durch und durch typische *desi*-Getränk wird in jedem Haushalt, Restaurant und an jeder Straßenecke mit reichlich Milch, Zucker und Gewürzen zubereitet – und erinnert kaum an den von den Briten geliebten schwarzen und in Ostasien populären grünen Tee.

▰▰▰

Milch ist gleichsam Indiens Lebenselixier und wird auf zahllose Arten verzehrt und genossen. Der im nördlichen Indien beliebte dickflüssige Lassi wird aus Joghurt und Wasser zubereitet und kann süß oder salzig sein. Traditionell wird Lassi in *kulhar* genannten Tonbechern serviert, die dem Getränk ein feines erdiges Aroma verleihen, das es ansonsten nicht aufweisen würde.

Viele Gerichte der indischen Straßenküchen wecken spirituelle Assoziationen, weil sie mit der Religion und religiösen Festen verbunden sind. Zum Urs-Fest am Dargah Ajmer Sharif oder an anderen Sufi-Schreinen gehört das köstliche *halwa paratha* – traditionelles indisches Fladenbrot mit kandiertem Obst, Kokospulver und Trockenfrüchten gefüllt.

Jeder gute Koch weiß, dass gute Zutaten zum Geschmack genauso beitragen wie die Küchengerätschaft: Je größer und älter ein *kadhai* (Wok), desto typischer ist angeblich das Aroma der darin zubereiteten Speisen. Im Bild oben werden *kachori*s in reichlich Öl in einem großen Wok frittiert, dier höchstwahrscheinlich älter als der Koch selbst ist.

Chaat ist der Oberbegriff für die in Indien höchst beliebten Snacks von Straßenständen. Ein gutes *chaat* überwindet alles geografischen Grenzen: Die Frau auf dem Foto genießt *paani puri*, das in Delhi als *golgappa* und in Bengalen als *fuchka* geliebt wird.

In den meisten Chai Shops wird der Tee in einem Becher mit Untertasse serviert. Es ist ein typisch indischer Brauch, etwas Tee in die Untertasse zu gießen und laut zu schlürfen. Der Tee kühlt so schneller ab, viele finden jedoch einfach, dass der Masala Chai so einfach besser schmeckt.

Beispiele für die reiche, vielfältige Küche Indiens, im Uhrzeigersinn von links: Tandoori Hähnchen schmeckt am besten an Straßenständen, *chaat* mit Tomaten, Kichererbsen, Granatapfel und *chaat* Masala, Hammelspieße und eine Portion *aloo kachori*.

Mumbai ist berühmt für seine *dabbas* – in diesen Behältern wird das hausgemachte Essen transportiert, das stets auf die Minute pünktliche Boten oder *dabbawallas* am späten Vormittag in den Wohnungen der Angestellten abholen und mittags in deren Büros abliefern. Dieser einzigartige Service begann 1890 mit hundert Männern. Heute liefern täglich rund 4500 bis 5000 *dabbawallas* zwischen 175 000 und 200 000 Mittagessen in *dabbas* aus.

Küchenutensilien beeinflussen nicht nur den Geschmack, Metallgeschirr trägt auch zum Nährwert und zu den Heilkräften von Nahrung bei. In Gusseisen gekochte Speisen sind gut für blutarme Menschen, Kupferbecher haben reinigende Wirkung auf Wasser. Stahltöpfe, wie die oben verwendeten, sind ungiftig und somit sichere Kochgeräte.

Die Frauen oben backen die traditionellen *roti* oder *chapatti*. Die ungesäuerte Brotfladen sind der Inbegriff indischer Küche. Um sie aus verknetetem Mehl zu backen, braucht man flinke Hände und schnelle Reflexe. *Roti*s werden im Nordteil des Landes mit Hülsenfrüchten und Gemüse gegessen.

Biriyani ist ein Erbe persischer Einflüsse im Mittelalter. Es ist im Wesentlichen ein Reisgericht mit Gewürzen, Fleisch und Gemüse. In den verschiedenen Regionen Indiens wird das vielfältige Gericht auf jeweils typische Weise zubereitet und gessen. In der Gegend von Moradabad in Uttar Pradesh (rechts) liebt man Biryani auf Lucknow-Art: Reis und Fleisch werden separat halbfertig gegart, anschließend in einen Topf eingeschichtet und dann verschlossen langsam gegart. Diese Zubereitungsweise heißt *dum*.

Kesar-elaichi-Milch ist im Winter eine Spezialität auf Neu-Delhis Ramlila Maidan. Trotzdem sie keine besonderen Zutaten enthält, schmeckt sie vollkommen anders als die Milch, die man zu Hause trinkt. Offensichtlich verleiht die Atmosphäre von gemeinschaftlicher Freude und Feststimmung Speisen einen besonderes Aroma.

Indische Hochzeiten sind der Himmel für Feinschmecker, gehören dazu doch vielfältige köstliche Speisen, die in der Regel auf einem üppigen Buffet mit hübschen gedruckten Speisekarten angerichtet sind. In Städten werden meist drei verschiedene Küchen serviert. Für viele ist das Essen der Höhepunkt einer indischen Hochzeit.

In großen Teilen Indiens wird nach den Mahlzeiten ein Paan genossen. Dafür wird ein Betelpfefferblatt mit *katha*-Paste (Catechu) und Löschkalk bestrichen, mit Anis und Kardamom besprenkelt und zusammen mit geriebener Betelnuss zu einem dreieckigen Päckchen gefaltet – die Zubereitung ist eine Kunst. Paan wird mit gleichem Genuss in den Straßen wie in den vornehmen Häusern genossen.

FÜHLEN

IN EINEM LAND, IN DEM EINE BERÜHRUNG LIEBE, GEDULD, SEGEN UND HEILUNG BEDEUTEN KANN, YOGA UND AYURVEDA ERFUNDEN WURDEN UND OFT MIT DER HAND GEGESSEN WIRD, SPIELT DAS BERÜHREN IM ALLTAG EINE KULTURELLE SCHLÜSSELROLLE.

berühren ist segnen, Berühren ist heilen, Berühren ist weihen und Berühren ist Liebe. Durch Berühren kann vieles still und ohne Worte kommuniziert werden. Indien liebt es, die Hand auszustrecken, um zu berühren, und auf diese Weise berührt es dein Herz – und häufig dein Leben – auf viele verschiedene Weisen. Berühren ist eine Kraft, die uns zum einen genauso bindet wie sie uns zum anderen befreit.

Das Ramayana erzählt die Geschichte der »Unberührbaren« Shabari, die aufgrund ihrer niederen Kaste verachtet wurde. Das Kastensystem klassifizierte als ein soziales Konstrukt Menschen nach ihren Berufen. Ganz oben standen die Brahmanen, die die Priester stellten, darunter die Krieger (Kshatriyas) und unter diesen die Händler (Vaishyas). Die Angehörigen der untersten Kaste (Shudras) übten niedrige Tätigkeiten aus und galten als »unberührbar«. Sie wurden so sehr gemieden, dass es vielen Menschen aus den oberen Kasten als unheilbringend ansahen, wenn auch nur der Schatten eines Shudra das eigene Heim berührte.

Shabari war eine Shudra und treue Anhängerin Ramas. Als Rama von ihrer Hingabe hörte, beschloss er, sie aufzusuchen. Shabari war außer sich vor Freude, und da sie kein Essen besaß, bot sie Rama die Beeren an, die sie gesammelt hatte. Sie war so gottesfürchtig, dass sie jede Beere kostete, damit sie Rama ja nur süße Früchte anbot. Ramas Bruder Lakshman war empört und forderte Rama auf, die angebissenen Beeren nicht zu essen. Doch Rama aß nicht nur die Beeren mit Genuss, sondern lobte auch deren Süße. Indem er Shabaris Früchte aß, erwiderte er ihre Berührung und befreite sie so von den Schranken der »Unberührbarkeit«.

***

Der bunte Teppich der indischen Kultur ist aus vielen kleinen Eigenheiten und Merkwürdigkeiten geknüpft. Manches ist besonders faszinierend. Wenn beispielsweise eine Person versehentlich ein Buch fallen lässt, hebt sie es schnell wieder auf und berührt damit ihre Stirn, bevor sie es wieder ins Regal stellt. So verfährt man auch, wenn ein Geldschein oder gar ein Musikinstrument zu Boden fallen. Dieser respektvolle Akt heißt Pranam und spricht Bände für die Bedeutung des Berührens für Inder, die ungeachtet ihrer Religion, Klasse oder Kaste durch respektvolle Pranam-Gesten ihren Alten und Göttern Ehrerbietung entgegenbringen. Dazu gehört z. B., frühmorgens die Füße eines alten Menschen anzulangen, um seinen Segen zu erhalten, oder beim Namaz mit der Stirn den Boden zu berühren. Dieser Akt der Ehrerbietung wird in den verschiedenen Religionen anders genannt, die Absicht ist jedoch stets dieselbe: Man zeigt, dass man das Wissen und die Erfahrung derjenigen respektiert, die man verehrt, und dass deren unendliche Weisheit so wertvoll ist, dass sie an die nächste Generation weitergegeben werden sollte. Unbelebte Objekte wie Bücher, Musikinstrumente und Geld werden mit Göttern assoziiert und deshalb mit dem selben respektvollen Pranam bedacht.

Auf das Pranam gibt es als Antwort ebenfalls eine Berührung, die *aashirwad* genannt wird und segnend wirkt. Beim *aashirwad* berührt man mit der Hand den Kopf jener Person, die einem Pranam entgegenbringt. Mit einer Berührung wird also Segen als Antwort auf ein Pranam ausgeteilt. Pranam und *aashirwad* gibt es in vielen Varianten, auch gelten dafür bestimmte Regeln. So sollen z. B. im Punjab Töchter nicht die Füße ihrer Eltern berühren, da der Platz der Töchter im Herzen der Eltern ist.

VORHERGEHENDE DOPPELSEITE (184–185): Ein Mädchen trägt Kuhdung auf die Wand seines Hauses auf. Bei Dorfhäusern spielt das Auftragen von Kuhdung eine wichtige Rolle bei der Reinigung. Kuhdung tötet Keime und Bakterien ab und hält das Haus im Sommer kühl. Die Jasminblüten, die auch auf dem Bild zu sehen sind, sind reiner Dekor, können aber auch den Geruch mildern.

Wenn jedoch eine Tochter heiratet und in das Haus ihres Ehemanns zieht, erwartet man von ihr, dass sie die Füße ihrer Schwiegereltern berührt. Darüber hinaus gibt es verschiedene Arten, wie Füße berührt werden: Eine Sikh-Frau muss dabei in die Hocke gehen, eine Frau aus Rajasthan dagegen die Fesseln der älteren Personen sanft massieren.

In den Städten sind die Bräuche auf dem Rückzug, doch das Konzept von Pranam und *aashirwad* wird noch immer von vielen aus wissenschaftlichen und spirituellen Gründen verfochten. Der wichtigste Effekt des Pranam ist für sie, dass es dem Ego einen gesunden Dämpfer versetzt, zudem gleicht die Verbeugung einer Yoga-Übung für die Wirbelsäule. Die *aashirwad*-Berührung gilt als gutes Mittel zur Aura-Übertragung, wobei man die positive Energie und Schwingungen vom eigenen Körper auf die Person übertragen kann, die einem die Füße berührt.

***

Darüber hinaus ist die »heilige Berührung« oder *tilak* unter vielen Indern noch immer weit verbreitet. Das äußerst glückverheißende und heilige Zeichen wird mit einem Finger auf der Stirn aufgetragen und ziert täglich die Stirn von frommen Haushaltsvorständen. Üblicherweise besteht ein *tilak* aus Asche aus einem heiligen Feuer, Sandelholzpaste, Kurkuma und Ähnlichem. Das verwendete Material und die Art und Weise, wie der *tilak* aufgetragen wird, unterscheidet sich einer religiösen Richtung zur anderen. Saivas (Shivaisten) tragen drei vertikale Linien aus heiliger Asche auf der Stirn, die Anhänger der Göttin Shakti ein Zeichen aus Kumkum, einem roten Kurkumapulver, zwischen den Augenbrauen.

Der Ursprung des *tilak* liegt in der Mythologie begründet. Dieser zufolge besaß Shiva ein drittes Auge auf seiner Stirn, und zwar zwischen den Augenbrauen. Wenn Shiva in Zorn geriet, öffnete sich dieses dritte Auge und verwandelte alles Böse zu Asche. Wenn man also den *tilak* genau an der Stelle aufträgt, an der Shivas drittes Auge saß, ist man gegen das Böse geschützt, spirituell erwacht und von allen – vergangenen und gegenwärtigen – Sünden freigesprochen. Deshalb mögen viele Haushaltsvorstände nicht ohne *tilak* vor die Türe treten, da sie glauben, dass sie der aufgetragene *tilak* beschützt. Auch viele Studenten gehen nicht ohne *tilak* in Prüfungen.

So wichtig wie die Bestandteile des *tilak* und dessen Stelle am Körper, so bedeutend ist die Art der Berührung beim Auftragen. Da jeder Finger einem anderen Planeten zugeordnet ist, haben dem Glauben zufolge Berührungen mit Fingern eine jeweils andere Wirkung. An der Ringfingerwurzel liegt die Sonne, die Ehre und Respekt verkörpert. Die Venus an der Daumenwurzel steht für Gesundheit. Deshalb gilt es als positiv, wenn der *tilak* mit Ringfinger und Daumen auf die Stirn aufgetragen wird.

Im Wandel der Zeiten verlieren Konzepte wie der *tilak* jedoch langsam ihre Bedeutung, insbesondere in Indiens Städten, wo der *tilak* nur noch bei Hochzeiten und anderen glücklichen Festen getragen wird.

***

Jenseits ihrer symbolischen Bedeutung in vielen religiösen und spirituellen Zeremonien dient die Berührung auch zum Heilen. Im Ayurveda werden aus seltenen Heilkräutern Mischungen zum Auftragen

zubereitet, die den Körper heilen und den Geist beruhigen. Auch wenn Berührungen und Ayurveda scheinbar Welten trennen, so stehen doch im Dhanurveda, das von dne Kampf- und Kriegskünsten handelt, anschauliche Beschreibungen der alten ayurvedischen, auf Berührungen basierenden Heilmethode *Marma Chikitsa*. Marmas beziehen sich auf bestimmte Punkte oder *naadis* am Körper. Durch Druck auf diese Punkte wird der Fluss des *prana* stimuliert, der Vitalenergie oder Lebenskraft, die alle Menschen antreibt. Am Körper soll es 107 dieser Marma-Punkte geben, und durch das Massieren dieser Punkte können verschiedene körperliche und psychische Beschwerden geheilt werden. In alter Zeit wurde Marma Chikitsa vor allem zur Behandlung von Kriegern und Soldaten eingesetzt. In seiner heutigen Form ist Marma eine ayurvedische Massage, die in Keralas Spas und Wellness-Resorts weithin ausgeführt wird. Diese alte Kunst findet mittlerweile ihren Weg in unsere Wohnzimmer über religiöse Fernsehsender, in deren Sendungen sich Yogis wortgewandt über die Marma-Druckpunkte auslassen. Einige dieser Marma-Geheimnisse scheinen jedoch in einer unerklärlichen Wissensform in unserem kollektiven Unterbewusstsein verankert zu sein, vielleicht handelt es sich jedoch auch um instinktive Reaktionen – z. B. wenn eine Mutter ihrem hustenden Kind zur Linderung Salbe aufstreicht und gleichzeitig sanft in dessen Schlüsselbeingrube drückt.

Die Heilkraft der Berührung muss nicht nur wissenschaftlich begründet sein. Die unwissenschaftliche, typisch indische Berührung kann genauso heilsam wirken, wenn sie in Form einer Ölmassage am Kopf (*champi*) nach einem langen Arbeitstag genossen wird – oder als kalte Kompresse *thandi-patti*, wenn man vor Fieber glüht, oder auch als prickelnde Neem-Paste auf Aknehaut. Solange sie mit einer Prise Liebe und einen Hauch Zuneigung ausgeführt wird, kann jede Berührung sowohl den Körper als auch den Geist heilen.

***

Berührung heilt, schützt, segnet und spielt eine wichtige ästhetische Rolle. Dies gilt vor allem für bestimmte indische Stoffe, die heute in der ganzen Welt begehrt sind. Indische Stoffe sind schön, eine Besonderheit sind sie jedoch durch die Art und Weise, wie sie sich auf der Haut anfühlen, sei es glatte Seide oder edel-raue gestärkte Baumwolle und Khadi.

Zu den beliebtesten indischen Stoffen gehört Pashmina, oft als Schal oder Stola getragen und ein wichtiger Teil der der Garderobe indischer Frauen. Der einfache Stoff aus den Bergen erlangte rasant internationale Berühmtheit, nachdem er von der verstorbenen Prinessin Diana getragen worden war. Pashmina ist eine Art Kaschmirwolle aus den Haaren der Changthangi-Ziege, die in Nordindien in den Hochlagen des Himalayas lebt. Die Schals sind oft handgesponnen oder -gewebt, was ihren hohen Preis erklärt. Pashmina gleicht dem bekannteren Kaschmir, ist jedoch leichter und feiner auf der Haut. Der Hauptunterschied liegt im Durchmesser der Fasern begründet: Pashmina-Fasern fühlen sich dünner und leichter an als Kaschmirfasern.

Der indische Stoff Khadi ist berühmt für seine enorm wichtige Rolle, die er im indischen Unabhängigkeitskampf spielte. Sein Rohstoff ist normalerweise Baumwolle, doch auch Seide und Wolle werden ver-

wendet und auf einem Spinnrad oder *charkha* zu Garn versponnen. Der vielseitige Stoff kann im Sommer wie im Winter getragen werden. Die Khadi-Bewegung wurde von Mahatma Gandhi gegründet und basierte auf der Idee, dass die Inder selbst Khadi-Stoffe produzieren sollten, um die Abhängigkeit von britischen Importen zu reduzieren. Durch den Boykott ausländischer Produkte wollte man die britische Wirtschaft schwächen und die indische stärken. Das Spinnen von Khadi symbolisierte die bäuerliche Autarkie und Selbstständigkeit. Khadi stellte deshalb einen wesentlichen Part in der Ghandi-Verehrung dar und spielte eine entscheidende Rolle in der Swadeshi-Bewegung und im indischen Unabhängigkeitskampf. Einige indische Marken und Designer bemühen sich darum, den Khadi und Ghandis Verständnis indischer Selbstversorgung wieder zu unterstützen. Viele Marken kaufen Khadi von bäuerlichen Spinnereien und verarbeiten sie zu moderner Mode, die sie in den Städten verkaufen. So wird die Eigenständigkeit des ländlichen Indiens unterstützt und zugleich der Konsumismus der Städte befriedigt.

***

Der wichtigste und aussagekräftigste Aspekt der Berührung ist jedoch, wie sie als Ausdruck von Liebe, Frieden und Einheit zwischen Menschen und Gemeinschaften eingesetzt wird. Berührungen zwischen Menschen sind in Indien jedoch eine merkwürdige Angelegenheit. Das einstige Land des Kamasutra – des ersten und besten Handbuch der physischen Liebe und Lust – ist heute eine vorwiegend zimperliche Nation, in der sogar händchenhaltende Paare angegafft werden.

Das von Vatsanaya um 400 bis 200 v. u. Z. verfasste Kamasutra war nicht nur eine Auflistung von Zärtlichkeiten, sondern erklärte auch, warum *kama* oder physische Lust zu den vier höchsten Zielen hinduistischen Lebens gehören (neben Rechtschaffenheit, Wohlstand und spiritueller Befreiung). Vatsayana zufolge sollte man sie in der Jugend erfahren, sodass man sie nicht mehr in den mittleren Jahren begehrt, in denen Wohlstand und spirituelle Befreiung im Vordergrund stehen. Wie die damalige Kunst und Architektur zelebriert das Kamasutra Sinnlichkeit. Ein Paradebeispiel sind die Skulpturen an den Wänden des Khajuraho-Tempels, in dem die physische Liebe gefeiert wurde.

In dieser Hinsicht herrscht in Indien heute eine ganz andere Realität.

Jenseits der Romantik ist die indische Kultur reich an zärtlichen Bräuchen: Umarmungen und Händchenhalten unter dem Eid-Mond, das Bestreichen mit Farben beim Holi-Fest, das sanfte Auftragen von Sandelholzpaste auf der Haut einer zukünftigen Braut, Erntetänze in Assam, bei denen Frauen Arm in Arm feiern, das Schulterklopfen beim ausgelassenen Bhangra, das trauernde Schlagen auf die Brust der Rudalis bei einem Begräbnis in Rajasthan, eine bengalische Mutter, die bei der Annaprashana-Zeremonie ihr Baby sanft die erste feste Nahrung kosten lässt oder drei Generationen von Frauen auf dem Land, die in der Sonne plaudern und sich gegenseitig die Haare ölen. Wie in der Geschichte von Rama und Shabari überwindet die Macht der Berührung die Schranken von Religion, Kaste, Sprache und Klasse. Berührung kann uns befreien!

Indien ist warm, freundlich, extrem liebevoll. In seine alltäglichen Berührungsrituale einbezogen zu werden, bedeutet dazuzugehören.

Pranam, die ehrerbietige Berührung, ist ein wesentliches Element der indischen Kultur. Auf diese Weise zeigen die Jungen Respekt gegenüber den Älteren, Schüler gegenüber Lehrern und Fromme gegenüber ihren Götterbildern. Die sechs verschiedenen Pranam-Arten reichen von aufrechtem Stehen und sich Verbeugen bis zur Berührung des Bodens mit Knien, Händen, Bauch, Brust, Kinn, Nase und Stirn. Ein Pranam ist in der Regel die erste Handlung am frühen Morgen, da der Segen, den man dafür erhält, für einen angenehmen und glücklichen Tag sorgt.

▬▬▬

Der rührendste Pranam ist der Shila Arohan. Die Details seiner Ausführung unterscheiden sich von Gemeinschaft zu Gemeinschaft, im Wesentlichen läuft er jedoch gleich ab: Eine Hindu-Braut wird von ihrer Familie gebeten, sich auf einen kleinen Stein zu stellen – symbolisch für die Willenskraft, die sie ausbilden muss, um mit den Ärgernissen und den Beschwernissen fertig zu werden, die das Eheleben mit sich bringt. In manchen Gemeinschaften berührt der Bruder der Braut deren Zehen, um ihr zu versichern, dass sie sich auf ihn verlassen kann.

Heilige Männer sind in Indien nicht schwer zu erreichen. Ob berühmter Rishi, Sufi-Heiliger oder buddhistischer Nachwuchsmönch, alle werden gleichermaßen verehrt. In Lauf der Geschichte, so glaubt man, kam es einige Male vor, dass ein heiliger Mann durch seine Berührung auf mysteriöse Weise verschiedene physische Leiden kurierte. Gläubige aus dem ganzen Land strömen herbei, um diesen Männern ihre Pranams und Umarmungen darzubieten – in der Hoffnung, dass eine »magische« Berührung ihr Leben heilt. Im Bild segnet Naga Sadhu Shivraj Giri einen Gläubigen.

Im gleichen Maße mächtig gilt die Berührung einer Steinstatue oder einer tönernen Götterfigur. Solchen Darstellungen werden Opfergaben in Form von Pranams dargebracht. Sieht man einmal vom religiösen Prunk und Ritualismus ab, kommt die Verehrung von Kultbildern unserer Psychologie entgegen: Die Konzentration auf ein größeres Ganzes fällt uns leichter, wenn wir unsere Energie auf ein konkretes, berührbares Objekt richten. Auf dem Bild waschen Jainisten in Shravana Belagola, Karnataka, die Füße einer riesigen Bahubali-Skulptur mit Milch.

Das vorsichtige, sorgfältige Auftragen von Kajal oder Surma am unteren Wimpernansatz ist für Frauen ein wichtiger Teil ihrer Toilette – und manchmal auch für Männer. Der Überlieferung zufolge trug der Prophet Mohammad nicht nur selbst Kajal, sondern empfahl es auch seinen Anhängern, da die kühle Berührung des Surma als förderlich für die Gesundheit der Augen galt.

Die Kathakali-Tänzer in Kerala tragen für ihre Aufführungen nicht nur eine einzige kühlende Kajallinie auf, sondern dicke Schichten aus bunter Schminke. Je dicker die Bemalung mit jedem Pinselstrich wird, desto mehr schlüpft der Darsteller in die Rolle, die er spielen wird, und findet leichter in die Emotionen, die er auf der Bühne darstellen soll.

Jenseits aller religiösen und kulturellen Unterschiede ist die rituelle Berührung allen indischen Hochzeitsbräuchen gemein. Dazu gehört z. B. das Auftragen der Hennamalereien, eine Kunst, die Geduld und Können erfordert. Indische Frauen lieben die kühle Berührung der schönen Mehndi-Bemalungen, deren Linien in zarten Wirbeln und Mustern auf Händen und Füßen aufgetragen werden.

RECHTS: Bei Hindu-Hochzeiten erlangen im Verlauf der vedischen Rituale Berührungen, insbesondere zwischen Braut und Bräutigam, herausragende Bedeutung. Wenn das Paar das heilige Feuer umkreist, muss es sich bei den Händen halten und Gaben austauschen. Dadurch wird ausgedrückt, dass zwei Menschen eine neue, verheißungsvolle Lebensphase als Einheit beginnen.

197

▰ In Indiens Mythologie, Religion und Ritualen wird der Frau Verehrung entgegengebraucht. Sie gilt als Symbol Lakshmis, der Göttin des Wohlstands. Wenn in Nordindien eine Braut das Haus ihres Bräutigams betritt, wirft sie mit ihrem rechten Fuß einen Reistopf um, sodass sich der Reis als Symbol von Reichtum und Überfluss im Haus ergießt.

▰ RECHTS: Wenn sie in der Gestalt der Göttin Durga verehrt wird, ist die Berührung einer Frau eine mächtige, stürmische Kraft, mit der man rechnen muss. Im Bild ist eine Szene aus der mit ihr verbundenen Folklore eingefangen: Die Figur der Göttin zertritt den Dämon Mahishasura mit ihrem Fuß.

Das Symbol des Feuergott Agni wird wegen seiner heilenden und reinigenden Kräfte verehrt. An Festtagen sind Feuertricks beliebte Unterhaltung in Tempeln und auf Jahrmärkten. Die Präsenz des Göttlichen gilt als bewiesen, da das Feuer nicht den Körper der Gläubigen versengt. Auf dem Bild sieht man einen Feuertrick bei einem Gajan-Fest in West-Bengalen.

Den alten Schriften zufolge ist das Feuer der materielle Bote der Menschen zu den Göttern. Dem Feuer werden mächtige Kräfte zu gesprochen, die Energie reinigen können. Feuer werden deshalb häufig bei Hindu-Gebeten, Hochzeiten und Leichenverbrennungen entzündet. Die Frau im Bild erweist dem heiligen Feuer vor einem Tempel die Ehre.

Ungeachtet ihrer Religionszugehörigkeit strömen Gläubige zu den berühmten Sufi-Dargahs im ganzen Land. Wer einen heiligen Dargah betreten und seinen Kopf ehrfürchtig beugen kann, der ist dem Glauben vieler zufolge wahrhaftig gesegnet. Die Frauen und Kinder im Bild berühren voll Verehrung mit Händen und Kopf die Wände des Dargah von Hazrat Nizammudin Aulia.

An die Marmorgitterfenster der Dargahs knoten die Gläubigen feierlich Schnüre. Jede Schnur steht für ein Gebet, und sobald sich das Gebet erfüllt hat, muss der Gläubige zum Dargah zurückkehren und symbolisch eine Schnur aufknüpfen. Millionen tastende Finger, die raue Schnüre halten, ein mit kleinen gelben Knoten übersätes Gitter – Verehrung kennt hier keine Grenzen.

Durch den farbenfrohen Sindoor auf ihrem Scheitel zeigen die Frauen, dass sie verheiratet sind. Die ursprüngliche Hindu-Tradition ist mittlerweile auch in anderen Religionsgemeinschaften beliebt. Bei den Chhatt-Puja-Festen tragen die Frauen, wie oben auf dem Foto zusehen, den Sindoor von der Nasenpitze bis über den ganzen Scheitel auf.

Das Frühlingsfest Holi steht für ausgelassenen Spaß. An diesem Tag beschmieren sich die Menschen fröhlich mit den kräftig-bunten Farben, die zu dem Fest gehören. In all dem ungezwungenen Schubsen, Drängeln und Umarmen werden bei diesem Fest der Farben alle durch Kaste, Klasse, Geschlecht und Religion auferlegten Schranken vergessen.

Buddhistische Mönche arbeiten konzentriert an einem Sand-Mandala. Mandalas sind eine traditionelle Form sakraler Kunst und symbolisieren das Universum. Sand-Mandalas werden aus winzig zerstossenen Steinen mit grosser Sorgfalt und peinlich genauer Aufmerksamkeit für Details erstellt – und nach ihrer Vollendung rituell zerstört: ein Symbol der die Flüchtigkeit des Lebens sowie des Kreislaufs von Geburt und Tod.

Das Erstellen eines Mandalas erfordert ein hohes Mass an Beharrlichkeit, Geduld und Konzentration und ist damit selbst ein meditativer Prozess. Es kann Wochen dauern, bis ein solch farbenfrohes, detailreiches Kunstwerk vollendet ist. Aber auch die Zerstörung eines Mandalas ist kein Kinderspiel, sondern ein Prozess mit festgeschriebenen Regeln, die noch einmal die ruhige, behutsame Hand des Künstlers fordern. Abschliessend werden die Steinkörnchen dem fliessenden Wasser übergeben, sodass sie zu ihrem Ursrpung zurückkehren können: der Erde.

OBEN UND GEGENÜBER: Im Leben der Jünger des alten indischen Ringkampfs Kushti spielt die Berührung eine treibende Rolle – so bei den Griffen und Umklammerungen während der Wettkämpfe und sogar in Bezug auf die weiche, sorgfältig gepflegte Erde, auf der sie trainieren. Diese wird in den *akhara* (Trainingsstätten) mit Ghee vermischt, wobei darauf geachtet wird, dass sie ihre feine Struktur behält. Die Ringer oder *pehelwans* leben üblicherweise diszipliniert nach strengen Regeln mit ihrem Guru auf dem Gelände eines *akhara*. Die einst ruhmreiche Sportart wird heute kaum noch ausgeübt.

Nais – Straßenfriseure – üben in Indien seit Jahrhunderten in den Straßen und unter den Bodhibäumen der Dörfer ihr Handwerk aus. Durch ihren Beruf sind sie zentrale Netzwerker. Früher konnten sie enormen Einfluss erlangen und wurden oft hinzugezogen, um Ehen innerhalb der Gemeinde zu arrangieren. Der Umgang mit dem Rasiermesser bescherte ihnen eine ruhige, leichte Hand, und so behandelten sie gegebenenfalls sogar Kriegsverletzungen. Heute ist ihr Stern gesunken, doch trotz all der schicken neuen Salons gehen indische Männer noch immer gerne zu ihrem erschwinglichen Freiluft-*nai*, wo man während der Rasur das Treiben auf der Straße beobachten kann!

Wie das Friseurhandwerk besitzt auch das Schneidern in Indien eine lange Tradition. Als der persische Einfluss auf das Land anwuchs, entwickelte sich die Schneiderei zu einer Kunstform und jede wohlhabende indische Frau hatte ihren eigenen Schneider. Dieser war traditionell ein nordindischer Darzi oder Idrisi. Die Schneider nahmen diskret bei ihren Kunden Maß, schnitten den bevorzugten Stoff vorsichtig zu und übten mit ihrer Nadel ein wahres Zauberwerk aus. Heute ist die Schneiderei unglamourös und steht als Beruf allen offen, doch Indiens Frauen wissen noch immer ganz genau: Ein guter Schneider zahlt sich aus!

In einem Land mit über einer Milliarde Einwohnern ist man an Drängeln, Schubsen und Rempeln gewöhnt. Ob in der schicken Delhi Metro, einer Kneipe in Bombay, einem Bus oder sogar auf einem Roller: Sich auf innovative Weise Platz zu verschaffen, ist mittlerweile zu einer Kunst geworden. In indischen Filmen gibt es Szenen mit Liedern, in denen Passagiere auf einem Bus- oder Zugdach reisen und sich dabei königlich amüsieren.

OBEN UND GEGENÜBER: Die herzliche Berührung spielt eine bedeutende Rolle im Sozialleben. Sei es die zwanglose Umarmung eines Bekannten, die engen Umarmungen unter dem Eid-Mond, das hemdsärmelige Schubsen und Rempeln zwischen alten Freunden – Berührungen drücken Wärme und Zuneigung aus, jedoch innerhalb der erlaubten Grenzen der Geschlechter.

OBEN UND GEGENÜBER: Trotzdem Maschinen bereitstehen – Traktoren und LKWs –, bevorzugen Inder in bestimmten Lebensbereichen die menschliche Berührung. Götterbilder, so glaubt man, werden am besten zu den Puja Pandals getragen. Damit leistet man durch körperlichen Einsatz einen befriedigenden Beitrag zum Gemeindeleben, der zudem, weil er im Dienst der Religion geschieht, mit reichem Segen belohnt wird.

Die Vorstellung, dass Edelsteine und Steine Heilkräfte besitzen, ist quer durch die Religionen verbreitet. Jedem Stein wird eine spezifische Energie nachgesagt, die positive Wirkung entfaltet, wenn sie mit bestimmten Fingern in Berührung kommt. Perlen z. B. werden oft getragen, um ein hitziges Temperament zu zügeln.

GEGENÜBER: Auch Metallen wird Heilkraft zugesprochen, wenn sie mit Haut in Berührung kommen. In Bengalen tragen verheiratete Frauen traditionell einen eisernen Armreif zum Schutz gegen Eisenmangel. Silberschmuck wie bei der Frau rechts soll schmücken und das Hormonsystem in Ordnung halten.

Berührungen haben je nach Kontext unterschiedliche Bedeutung. Hier streicht ein junger Mann über das überlebensgroße Plakat eines Filmstars, das er gerade anklebt. Damit erledigt er seine Arbeit und lässt zugleich etwas Neues Gestalt annehmen: die Werbung für einen Film, der bald in die Kinos kommt, einen Blockbuster der nahen Zukunft.

Diese Berührung geht auf vergangene Zeiten zurück. Im Mehrangarh Fort in Jodhpur sieht man am Loha Pol die Handabdrücke der Königinnen des Maharaja Man Singh, die sich 1843 bei dessen Leichenverbrennung in den Scheiterhaufen warfen, um dem damaligen »Stigma« der Witwenschaft zu entgehen. Heute berühren Besucher die Abdrücke als Zeichen des Respekts für die Verstorbenen.

Im Hier und Jetzt ist Berührung eine Geste, die so liebevoll wie zerstörerisch sein kann. Sie enthält Yin und Yang im perfekten Gleichgewicht, und so braucht es nur einen Moment, dass eine Berührung verletzt, beschädigt, verkrüppelt. Doch im selben Moment reicht die sanfte Berührung eines liebevollen Herzens, um frei zu werden.

Alle Angaben dieses Werkes wurden von den Autoren sorgfältig recherchiert und auf den neuesten Stand gebracht sowie vom Verlag geprüft. Für die Richtigkeit der Angaben kann jedoch keine Haftung übernommen werden.

Die Deutsche Nationalbibliothek verzeichnet diese Publikation in der Deutschen Nationalbibliografie; detaillierte bibliografische Daten sind im Internet über http://dnb.d-nb.de abrufbar.

Copyright © 2016 für die deutschsprachige Ausgabe:
Frederking & Thaler Verlag GmbH, München

Die Originalausgabe mit dem Titel India Five Senses wurde erstmals 2015 im Verlag Roli Books, New Delhi, veröffentlicht.

Copyright © 2015 Roli Books, New Delhi

Alle deutschsprachigen Rechte vorbehalten.

ISBN 978-3-95416-197-3

Verantwortlich: Marianne Rösler
Übersetzung aus dem Englischen und Redaktion: Barbara Rusch und Linde Wiesner
Korrektur: Ulrike Kretschmer
Layout: Rudi Stix
Umschlaggestaltung: Ulrike Huber

Gesamtherstellung Verlagshaus GeraNova Bruckmann GmbH

Sind Sie mit diesem Titel zufrieden? Dann würden wir uns über Ihre Weiterempfehlung freuen.
Erzählen Sie es im Freundeskreis, berichten Sie Ihrem Buchhändler oder bewerten Sie bei Onlinekauf. Und wenn Sie Kritik, Korrekturen, Aktualisierungen haben, freuen wir uns über Ihre Nachricht an: Frederking & Thaler Verlag, Postfach 40 02 09, D-80702 München oder per E-Mail an lektorat@verlagshaus.de.

Unser komplettes Programm finden Sie unter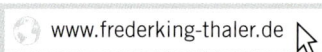